Dieter Walser

Äventyrion created

Dieter Walser

Äventyrion created

Das neue Leben nimmt Schwung auf

Fromm Verlag

Imprint

Cover image: Vom Autor bereitgestellt

Publisher:
Fromm Verlag
is a trademark of
International Book Market Service Ltd., member of OmniScriptum Publishing Group
17 Meldrum Street, Beau Bassin 71504, Mauritius
Printed at: see last page
ISBN: 978-613-8-37271-4

<u>Äventyrion created</u>

II. Das neue Leben nimmt Schwung auf

Von Dieter Karl Walser

1. Abschied und Vorgeplänkel

Sachte kündigten sich die Ereignisse an.

Wunderschöner Morgen, zwitschernde Vögel, eine leise, verheißungsvoll aufsteigende Sonne mit wärmenden Strahlen, das Gold reflektierte wie kleine Diamanten – Tautropfen mit erfrischender Botschaft – so zog der neue Tag herauf. Linwirospecht blinzelte aus seinem Zimmer, eher einem Nest in der Form eines Eichhörnchen-Kobels gleichend. So, hoch oben im Baum, hatte er einen wunderbaren Überblick über die Wiese und das Tal. Trotzdem konnte man den Tau glitzern sehen, ziemlich gut im Gras unten, aber auch die Feuchte neben sich in den Blättern. Ganz in der Nähe konnte er Schnellen Bär brummen, mehr schnarchen hören. Und Hellsichtiger Rabe? – Ach, der war drüben bei Lachender Sperling. Dort saß er in schwindelnder Höhe auf einer winzig kleinen Plattform. Die beiden waren schon wieder am telepathieren, wie sie es nannten.
„Guten Morgen, Linwirospecht." Wuseliges Spechtherz nebenan war auch schon wach. Sie blinzelte fast so schön wie die Tautropfen im morgendlichen Gegenlicht. Ihre Stimme war heute früh wie der süße Ahornsirup, den sie gestern noch geschleckt hatte. „Guten Morgen, mein Herz – ääh - Spechtherz" reagierte Linwirospecht. Wuseliges Spechtherz grinste bis zu den Haarspitzen und ihre Nase hüpfte dabei wie ein Marienkäfer im Aufwind.
Ach, einfach liegen bleiben, den Tag flattern lassen, den süßen Duft der Blüten inhalieren und in weichwolkigen Träumen sich verlieren – das wäre himmlisch! „Ach, Ewiger, das ist wie am Schöpfungsmorgen. Oh, mein Schöpfer, lass es ein guter Tag werden. Amen." Und – er blieb noch lange so liegen – wer weiß, wie die Zeit verflog im träumen und nachsinnieren …

Wo – wo – woo – wowo – wo – wo. Ur-Ton – der Ewig-Seiende sprach und es wurde Morgen … und die Riesen-Sikus riefen zum Morgengruß. Es war ungefähr 9 Uhr – also die Zeit der mönchischen Gebetszeit der Terz. Die Laudes, das frühe Morgengebet um 6 Uhr hatten die Mönche und Nonnen noch fast alleine für sich gebetet, teilweise unter Beteiligung aus der Gruppe der Ritualmeister und einzelner anderer, die das als Start für ihre besonderen Rituale, Initiationen, Meditationen usw. nutzten. Die Zeit zwischen Laudes und Terz wurde nur von wenigen genutzt, die dringende frühe Arbeiten zu erledigen hatten, oder den Tagesbeginn in den Berghängen und besonderen, abgelegenen Stellen genossen, oder zu langen Wanderungen aufbrachen. Manche Familien oder Freundeskreise nutzten die Zeit der Frühe auch, um sich ihre Träume zu erzählen und daran zu "arbeiten" – sie übten sich im „Kreativen Träumen“. Das Leben ansonsten war aber so in Biberland organisiert, dass man keine 8-Stunden oder gar 10-, 12-Stunden-Tage arbeiten musste. Es wurde weder im Übermaß getan, noch zu wenig im Schlendrian. Es gelang so ohne Stress und Hektik alles "artgerecht" zu erledigen, ohne sich zu verlieren oder „out-zu-burnen“.
Aus allen Wipfeln ließen sich die Biberländer hinunter. Von der Seite kamen sie aus dem Wald geströmt oder über die Wiese gepilgert, aus der Höhe ließen sich die Geflügelten sanft zu Boden gleiten. Alle standen nun in unterschiedlichen Gruppen und Grüppchen zusammen und bewegten sich im Gleichklang der Töne – und zum Sonnengruß. Aber – nicht um die Sonne zu grüßen, sondern den ewigen Schöpfer dahinter. Alles begann mit der Grundübung Voronwe. Darauf folgte ein Ausstrecken - der Länge nach und im Stehen gen Himmel. Die Verbeugung ließ den Körper nach unten gleiten und die Hände, möglichst bei durchgestreckten Knien, mit den Handflächen den Boden berühren. Von dort ging man in einen Spreizschritt, als würde man sich in einen Startblock begeben – nur mit aufrechtem Kopf und Oberkörper. Es folgte der Vierfüßer-Stand mit eingezogenem Kopf und gebuckelt. In der Gegenbewegung fielen alle ins Hohlkreuz und hoben das Kinn. Danach ließ man sich zurücksinken, indem man sich auf die Fersen setzte, um dann den Oberkörper lang, am Boden liegend, nach vorne zu strecken. Die Arme suchten vorne die Weite. Zurück im Vierfüßer-Stand hob man das Gesäß zum Himmel, so dass ein kleiner Berg mit dem Körper geformt wurde. Zurück in der

Startblock-Spreiz-Stellung wurde zum Erheben übergeleitet - zum Erheben mit auf dem Boden aufgelegten Handflächen. Zuletzt streckte man sich wieder dem Schöpfer entgegen, der durch die Sonne symbolisiert wurde. Die Gesichter und Vorderseiten der Köper waren dabei in Richtung des Sonnenaufgangs gerichtet. Und während der Bewegung war ein einziger Flow zusammen mit gleichmäßigem Ein- und Ausatmen. Das Ganze wurde insgesamt 7 Mal durchgeführt – wie die 7 Schöpfungstage. Abgeschlossen mit Voronwe konnte der Tag nun aktiv beginnen.

Gedehnt, gestärkt und geerdet, sowie gehimmelt gingen sie alle dann zu den Bächen, Flüsschen, Wasserfällen, kleinen Teichen oder Waschtrögen und wuschen sich: Erst so gereinigt, wohlriechend und fit von Kopf bis Fuß trafen sie sich wieder, um zu frühstücken und sich für den Tag vorzubereiten, zu verabreden …

Die „Siedlung" der Eichhörnchen-Kobel-Zimmer war belegt mit Heranwachsenden und Gästen, darunter auch Spechtherzens Familie. Es war dort wie in einer Frühstückspension. Man musste sich nicht selber um die Essensbesorgung kümmern. Alles wurde kostenfrei gestellt und herbeigebracht. Es war eine gelöste, lockere und teilweise auch ausgelassene Stimmung. Man sprach auch über die Ereignisse der letzten Tage und Wochen – und über das, was vielleicht bevorstand.

Biberland war ja der fast paradiesische Rückzugsort, ein Refugium für viele Menschen, Tiere und andere Wesen. Hier wollte man, nun schon seit mehreren Jahrdekaden etwas Neues erproben. Die Gründer wollten eine Blaupause, damit die restliche Welt sich erholen könnte von Artensterben, Umweltkatastrophen und -verschmutzung, Klimawandel, Burnoutspiralen, Rohstoffknappheiten und vielen Dingen, die die althergebrachten, und für eine gewisse allerdings vergangene Zeit auch funktionierenden, Systeme des Wirtschaftens, Zusammenlebens und der politischen Realitäten hervorgebracht hatten. Sowohl Kapitalismus als auch Kommunismus und viele ähnliche Systeme wurden als überholt angesehen. Das biberländische Wirtschaften wurde Sozial-ökologische Fair-Wert-Wirtschaft genannt. Dies beinhaltete Wirtschaften ohne Wachstumszwang unter Berücksichtigung der Bewahrung der Schöpfung, dem Gemeinwohl

und Individualwohl dienenden Ausgleich aller Bevölkerungsgruppen und dem nachhaltigen und ökologischen erwirtschaften der Güter, Waren, Dienstleistungen und Nahrungsmittel – ohne Verschwendung von Energie oder Rohstoffen und ohne Vergiftung und Vernichtung von Lebewesen und deren Lebensgrundlagen. Und – man war darauf auch stolz – es hatte bisher geklappt, hier im behüteten Raum mit den Bewohnern mit erweitertem und weiterentwickeltem Bewusstsein.
Nur ab und zu war Biberland von äußeren Angriffen bedroht. Manchmal auch musste man Wesen aus der „Außenwelt" retten oder dort sanften Einfluss ausüben. Dies taten spezielle Gesandte, die aber bisher nicht entdeckt worden waren und deshalb still und nachhaltig wirken konnten.
Erst vor kurzem, vor wenigen Wochen, hatte man ja einen solchen Angriff von außen abwehren können. Kurz danach gab es Indizien, dass eine weitere Art von Wesen bedroht sein könnte. Vermutlich handelte es sich dabei um Quellnymphen. Diese wollte man aufsuchen, um zu schauen, was da nicht stimmte.
Dazu wurden schon Planungen getroffen. Die Biberländer standen kurz vor der Durchführung einer Expedition in die Berge.

Zunächst aber musste noch etwas geregelt werden. Die drei Adepten (Linwirospecht, Schneller Bär und Hellsichtiger Rabe) waren ja noch schulpflichtig und mussten eigentlich zurück in ihre Heimat. Auch ihre Patenonkel würden schon bald in den Talkessel kommen, in dem das Ritual „Nacht der Bestimmung" durchgeführt worden war. Es war nicht das erste Mal, dass so etwas geregelt werden musste. Denn immer wieder gab es Mitglieder der Humanos, die nach Drömtidelstad, sozusagen dem Vorhof von Biberland und gleichzeitig die Heimat von Wuseligem Spechtherz und ihrer Familie, oder gleich nach Biberland kamen, um länger zu bleiben oder gar den Rest des Lebens hier zu verbringen. Humanos wurden alle Menschen genannt, die aus der sogenannten Zivilisation der Moderne, der Jetztzeit stammten – im Gegensatz zum Beispiel zu den Menschen, die in Biberland besondere Gruppen bildeten – unter anderem die Indi, Abori, Insulo usw. Eine weitere Gruppe von Menschen und Vormenschen waren auch separat von den Humanos – zum Beispiel die Neanda, Java-Menschen, Australopithecinen und andere. In den einzelnen Clans waren diese Hominini zusammen mit anderen Wesen „untergebracht". Dort lebten sie zusammen. Selbstverständlich gab es

immer wieder Humanos, die nicht in ihren Siedlungen, wie etwa Eireskirk, blieben und für immer zu den Clans wechselten und dort in bestimmte Gruppen aufgenommen wurden - diese waren die sogenannten Aenigmatopier: zum Beispiel Nonnen, Wikinger, Fahrende Künstlerinnen, Ritter ... Andere Humanos nahmen gerne nur zeitweise die Gastfreundschaft, Förderung und Ausbildung der Clans an, um in ihren Adeptenstufen oder in einer Initiation weiterzukommen.
Zu den Patenonkeln der drei Adepten wurde also eine Botin gesandt. Es war eine gut ausgebildete und erfahrene Aenigmatopierin, eine Sentiera. Sie nahm für alle drei Familien auch ein Schreiben mit, das bestätigte, dass die drei jetzt in einer Schule eingeschrieben waren, die Elysiceum hieß. Selbstverständlich würde dies nur so gehandhabt, wenn die (Patenonkel und) Eltern dem zustimmten. Ansonsten müssten die Betroffenen halt nach den Sommerferien wieder heimkehren. Die Privatschule Elysiceum hatte ihren Sitz in Strasbourg, der Hauptstadt der USE = United States of Europe. Vom Kindergarten bis zum Abitur (oder einem anderen qualifizierten Abschluss) gingen dort Kinder und Jugendliche aller möglichen Nationen, gesellschaftlichen Schichten und kulturellem oder religiösem Hintergrund zu Schule. Zum Teil war es eine Schule nur im Morgenbetrieb. Es gab zudem Klassen, die in der Ganztages-Betriebsform agierten. Andere Klassen waren Internatsklassen. Hauptsächlich waren die Klassen Präsenzklassen, die nur Vorort unterrichteten, zum kleineren Teil waren es aber auch expeditive Klassen, die in den Schulgebäuden gar keinen Unterricht hatten, sondern woanders lernten, forschten und sich ausbilden ließen. Solch eine expeditive Klasse sollte in Zukunft die Zuordnung für die drei Adepten sein. Damit konnten sie so lange in Biberland bleiben, wie sie es wollten oder ihre Eltern zuließen. Die Sentiera wollte noch an diesem Tag, gleich nach dem Frühstück aufbrechen. Wegen der großen Entfernung zum Ritual-Tal wurde sie von einem Ikran zu den angrenzenden Bergen hinter Drömtidelstad gebracht. Die drei gaben ihren Eltern noch lange Briefe mit, in denen sie die Eltern und Onkel grüßten, ein klein wenig beschrieben, wie das Leben hier war und dass sie sich keine Sorgen zu machen bräuchten. Mit Tränen in den Augen sah Linwirospecht dem Ikran mit der Sentiera noch lange nach – bis er hinter den Berggipfeln verschwunden war und ihn Wuseliges

Spechtherz ablenkte.
Auch Spechtherzens Familie musste wieder zurück nach Drömtidelstad. Dort musste Altes Luchsohr der Vorposten von Biberland sein und zusätzlich ja auch die Rituale durchführen, bis ihm vielleicht eines Tages Linwirospecht nachfolgte. Versteckt am Rande von Drömtidelstad (selbst lange Jahre von Altem Luchsohr nicht bemerkt) gingen auch die offiziellen Handelskarawanen mit den zum Verkauf bestimmten Waren aus Biberland. Als vor Wochen Linwirospecht solch ein seltsames Gefühl hatte, so als ob ihn jemand beobachtete, als sie den Wasserfall oberhalb des Ritual-Tals durchquerten, hatte er das richtige Gespür gehabt. Über den Kamm war damals eine Handelskarawane gekommen. Sie ging unbemerkt ihren Weg oberhalb des Wasserfalls. Einer der Begleiter der Karawane hatte die jetzigen Adepten dort beobachtet.
Für die Kinder von Altem Luchsohr und Strahlender Sonne war die Schulpflicht ebenfalls kein Problem. Denn auch sie waren eingeschrieben in einer expeditiven Klasse von Elysiceum. Allerdings war diese Klasse nicht am Hauptsitz in Strasbourg, sondern am Außenort Dùn Èideann = Edinburgh verortet. Dùn Èideann war die Hauptstadt des Unionsstaates Schottland und durch einen Tunnel unter Wasser, im Loch Ness, von Drömtidelstad aus relativ schnell und leicht zu erreichen. Es war übrigens einer der Durchgänge, durch die viele Tiere und Wesen, vor allem des Meeres, am äußersten Eck von Drömtidelstad durch einen geheimen weiten, wässrigen Weg bis nach Biberland gelangt waren. Es war dort, wo Drömtidelstad nur durch einen kleinen Bergrücken vom nächsten Meer getrennt war. Dieses Außental von Drömtidelstad mit seinem Meerzugang und der Wasserverbindung nach Biberland war auch der Grund, warum in Loch Ness so merkwürdige Dinge passierten. Die großen und kleinen Meerestiere, die über Loch Ness die Verbindung zu Biberland hielten, mussten ja auch zum Meer Kontakt halten. Ebenfalls ausgerüstet mit den Citristallen waren sie meist für die Schotten und Touristen dort nicht zu sehen. Nur wenn einmal eines der Tiere den Citristall verloren oder nicht angelegt hatte, dann gab es einzelne, kurze Momente der Sichtung. So waren auch die Erzählungen und Legenden um Nessy entstanden. Auch ein Unfall eines Rennbootes auf Geschwindigkeitsrekordjagd ging leider auf das Konto solch eines unvorsichtigen Tieres. Es hatte das Boot mit seiner irrwitzigen

Geschwindigkeit zu spät bemerkt, falsch eingeschätzt und konnte nicht schnell genug ausweichen. Durch den Citristall war es zwar unsichtbar, aber das schnelle Wegtauchen verursachte einen Wirbel, dem das Boot zum Opfer fiel.
Nun aber wieder zu den Kindern der Drömtidelstader. Drömson durfte auch weiterhin und zur weiteren Ausbildung in Biberland bleiben. Er würde im Auftrag seiner Eltern auch auf Spechtherz aufpassen. Die anderen Kinder (Regensturm, Regentau, Tiefes Wasser), zusammen mit den Eltern, würden auf ähnliche Weise wieder von Biberland weggebracht, wie sie gekommen waren. Wuseliges Spechtherz war nur ein wenig getröstet durch das Verbleiben ihres Bruders und selbstverständlich durch Linwirospecht, der den Eltern versprochen hatte, auch mit aufzupassen. Altes Luchsohr hatte in seinem Leben nur dieses eine Mal, die Gelegenheit gehabt, Biberland zu besuchen. Aber Weißer Berg war in den folgenden Jahren bis kurz vor seinem Tod noch einige Male mit Hilfe des Toruk Makto nach Drömtidelstad gereist, um seinen alten Freund zu besuchen.

2. Earth & Peace Move

Ohne viel Eile, aber umso gründlicher hatten sich die Biberländer auf die vermeintliche Rettungsexpedition vorbereitet. Es musste besprochen werden, wer ging, welchen Weg man nahm, wie man sich schützte und so weiter. Es war klar, dass die neuen Adepten mitdurften, nebst Drömson. Er würde zusammen mit Hellsichtiger Rabe mit Lachendem Sperling Kontakt halten. Notfalls könnte man so Nachrichten weitergeben oder Hilfe herbeirufen. Außerdem gingen ein paar Vertreter/innen der Heiler-Zunft mit. Sie konnten dann Erste Hilfe leisten oder Verletzte und von der Reise eventuell Erschöpfte pflegen und versorgen und wieder auf den Damm bringen. Es waren: „Heilende Hand“, eine Medizinfrau der Indi; „Dr. Medicus Sana“, ein Y-Brain; die Elbin „Ancalima, die Helle“; „Dendrobatus“, der Froschheiler und „Saille“, die Weidenfee. Zum Schutz des Expeditionsteams gingen auch Begleiter aus der Trainingsriege mit.

Dies waren überaus sportliche, ausdauernde, kräftige, wendige und erfahrene, auch im Kampf erprobte Biberländer: „Saubär“ und sein 5-köpfiger Trupp Kämpfer der Schweine, „Unzo“ und „Onza“ das Jaguarpärchen und ein Dutzend Stinte mit ihrem Anführer „Huele“. Als Expeditionsleiter wurde ein gelehrter, weiser Wissender bestimmt (aus dem Ältestenrat), der nicht zum ersten Mal solch eine Unternehmung anführte, aber noch jung genug war und körperlich fit für die zu erwarteten Strapazen: „Lotor“ der Waschbär. Die restlichen Vertreter/innen und Bewohner blieben in Biberland zurück, wo sie zur Versorgung der eigenen Leute vonnöten waren. Sie bereiteten auch die eventuelle Aufnahme der Quellnymphen vor. Am übernächsten Tag wollte man aufbrechen. Der morgige Tag würde zur Erholung und zum Kräftetanken benötigt.

Am heutigen Tag aber traf man sich noch auf dem großen Platz vor dem Ratsfelsen in Eireskirk. Denn es war der Tag des Übergangs vom Spätsommer zum Frühherbst. Er war einem weiteren Ritual gewidmet: Sie nannten es „Earth & Peace Move“. Das Symbol für dieses Ritual war ein großes Friedenszeichen: der Kontur einer alten Rune nachempfunden, die Frieden, Schutz und Leben bedeutete – nicht unähnlich eines zu einem Piktogramm stilisierten Baumes mit dem Stamm und zwei aufwärts gerichteten Ästen. Würde man dieses Symbol um 180% drehen bzw. auf den Kopf stellen, war die Symbolik genau gegenteilig: in der Außenwelt wurde dies wohl fälschlicherweise und meist unwissentlich so umgedreht als Peace-Symbol verwendet. Also man benutzte es richtig herum und spannte über ihm noch einen 7-stufigen Regenbogen auf. Der Regenbogen war ein Symbol für den Ewigen, für seine Schöpfung. Es symbolisierte den Friedenswillen des Ewigen, der nie mehr seinen Kriegsbogen über der Welt ziehen wollte.
Der Earth & Peace Move begann zur Zeit der Vesper. Gemeint ist hier aber nicht das Vesper, also das Abendessen, sondern die Vesper. Zu dieser Zeit begingen die Nonnen und Mönche üblicherweise und meist eine ihrer Gebetszeiten. Heute aber war ein besonderer Tag.
Man traf sich um eine künstlerisch gestaltete Mitte. Dort waren symbolisch all die Fehler der Menschen dargestellt, die zu Unfrieden, Krieg und Umweltzerstörung führten. Dies galt es zu heilen und den Ewigen zu bitten, dort Wandlung zu bringen. Dafür wollte man sich hier treffen und um das Bewusstsein neu zu stärken und zu vertiefen.

In der Mitte war also ein kunstvoll aufgeschichteter Totholzhaufen. Er war das Symbol für das Leid, das auf der Erde herrschte – und das Vergehen; gleichzeitig symbolisierte er das Potential des Neuanfangs. Denn aus Holz wurde Humus, im Humus konnte neues Leben wurzeln. Um den Holzhaufen waren unterschiedliche Pflanzen aufgestellt: Pfennigbäume für den Hang und die Sucht der Menschen zum Materiellen und immer mehr Geld anhäufen (für wenige); Kakteen für die Verletzungen, die Stachelpikser, die die Erdlinge den anderen Geschöpfen, der Natur und auch den jeweils anderen Völkern und Kulturen zufügten und diese dann nur noch dürftig und am Rande der Existenz wie Sukkulenten ihr Leben fristen mussten; zuletzt auch der Mais, der einerseits die Fülle der Nahrungsmittel symbolisierte, andererseits den Umgang in der Landwirtschaft, da Mais ein Bodenauslauger und Erosionshelfer war.
Südlich, neben der Mitte stand ein verhüllter Baum, der erst in der Nacht und am nächsten Tag wieder in seiner ganzen Pracht zu sehen sein würde.
Das Ritual wurde geleitet vom jährlich neu gewählten Oberhaupt der Ritualmeister – dieses Jahr war dies Fuchs „Reineke“, zusammen mit dem Vertreter der Biberlandregierung Weißer Berg. Die anderen Ritualmeister (Fink „Fringillius“, die Chinchilla „Meisterin Chincha“, Gänsegeier „Gypsful“, Skarabäen-Käfer „Geotrupidus“, Hase „Meister Lampe“, Maulwurf „Talpen“, Pirol „Loriat“, Schwarzbärin „Meisterin Petza“, Fledermaus „Grauohr“, Salamander „Feuerherz“ und Rentier „Poro“) standen direkt hinter ihnen. Reineke begrüßte alle Anwesenden und mit einem liturgischen Zeichen. Dann ließ Weißer Berg ein Didgeridoo ertönen, das minutenlang das ganze Tal einhüllte. Humanos, Vertreter der menschlichen besonderen Gruppen, der Vor- und Altmenschen, Vertreter aller Tiergruppen und Pflanzen in Biberland, aber auch alle, die es einfach wollten und nicht vermissen wollten - im äußersten großen Kreis schwangen sie so im Einklang miteinander.
Reineke erzählte dann von den unterschiedlichen Weisen, wie die Geschöpfe sich die Erschaffung der Welt und der Wesen vorstellten. Besonders hob er ab auf den Urton, das Wort, das dabei eine große Rolle spielte. Durch dieses schöpferische Wort des Ewig-Seienden wurden seine Gedanken offenbar und manifestierten sich in der Schöpfung.

Weißer Berg rezitierte ein bekanntes Biberländer „Wort-Gedicht“:

„Am Anfang war das Wort
Wort kam zur Erde – Wort vor Ort
Wort – Wortklang
Klangwort – Fangwort?
Der Ewige sprach – gemach!
Sein Wort hat Klang – sein Wort hat Macht
Machtwort – Macht vor Ort
Wort fort – Ohnmacht
Wort wie Licht – Licht sticht
Wortklang und Lichtsicht – Schwingung
Schwingung – Bewegung
Das Wort war beim Ewig-Seienden – sprach fort und fort
Wort brachte Licht – Wort brachte Bewegung
Ohne Wort – ein toter Ort
Wortklang – Leben im Überschwang
Des Schöpfers Wortklang – mir wird nicht bang.“

Die Schwingungs- und Ton-/Wort-Atmosphäre wurde noch sichtbarer/hörbarer, indem sie fortgesetzt wurde im Obertongesang vieler geschulter Stimmen der Humanos, Neandas und Asias.

Während des Gesangs sandten alle Biberländer ihre Bittgebete zum Schöpfer – um Frieden. Diese Bitten wurden nur im eigenen Inneren formuliert, so wie jede/r/s es vermochte und – jede/r/s durfte dabei den Adressaten, den Namen des Ewigen, so wählen, wie er/es/sie es fühlte und verstand.

Als der Gesang und die Bitten endeten, bewegten sich alle im gleichen Rhythmus. Dieser wurde dann verändert und langsam überführt in einen geschrittenen 4-er-Rhythmus – die Erde symbolisierend (4 Enden der Erde, Himmelsrichtungen, Elemente, Archetypen des Mannseins usw.): mit dem rechten Bein nach vorne, dann links vor, dann rechts zurück, dann links zurück, um wieder rechts nach vorne zu setzen usw. – 1 – 2 – 3 – 4 – 1 – 2 … oder besser Ta – ke – Ti – na – Ta – ke … Take repräsentierte auch den Mann und Tina die Frau.

Bei Ta (rechtes Bein nach vorne) ertönte aus allen Kehlen gleichzeitig ein tiefer (Stoß-)Schrei. Ein Schrei wie ihn ähnlich die Maoris (eine Abteilung der Insulo) in ihrem Haka-Tanz ausstoßen.

Dieser Rhythmus wurde dann abgelöst durch einen 3-er Rhythmus, den Ewig-Seienden symbolisierend: mit dem rechten Bein nach vorne,

dann links nachziehend, dann rechtes Bein seitlich hinter das linke Bein setzend. Dann das linke Bein nach vorne setzen und das rechte seitlich nachziehend, um dann das linke hinter das rechte zu setzen, dann wieder rechts vor usw. – 1 – 2 - 3 – 1 – 2 – 3 – 1 … oder besser Ga – ma – la – Ga … Gamala repräsentierte nicht nur den dreifaltigen Schöpfer, sondern auch sein / das Kind und die Schöpfung, die er ins Leben gerufen hatte. Bei jedem Schritt (1) nach vorne wieder der tiefe, kehlige Schrei. Nach jeweils mehreren Runden teilten sich die schreitenden Tänzer in 2 Gruppen auf. Die eine Gruppe tanzte den 3-er-Rhythmus, die andere gleichzeitig den 4-er (3 und 4 ergibt 7 = die heilige Zahl, die Zahl der Schöpfung, der 7 Schöpfungstage – wahrgenommen auch in den 7 Regenbogenfarben und den 7 zugeordneten Tönen der A-Moll-Tonleiter und so den Clans zugewiesen). Zudem ergab sich ein Effekt: es entstand ein 12-er-Rhythmus, denn wenn die Rufe von 3-er und 4-er-Rhythmus zusammentrafen, dann ertönte ein einziger großer Ruf auf der 1, die der 12 folgte. 12 – die Zahl der 12 Clans, Gefolgsleute und Anhänger des göttlichen Weges und 12 + 1 Archetypen des Frau-Seins.
Nun stoppte der oberste Ritualmeister den Tanz und Weißer Berg rezitierte den Sonnengesang des Heiligen Franziskus von Assisi. Man hörte gemeinsam den tieferen Sinn der Schöpfung durchscheinen: „Höchster, allmächtiger, guter Herr, dein sind das Lob, die Herrlichkeit und Ehre und jeglicher Segen … Gelobt seist du, mein Herr, durch Schwester Mond und die Sterne … durch Bruder Wind … durch Schwester Wasser … Bruder Feuer … unsere Schwester, Mutter Erde … unsere Schwester, den leiblichen Tod … lobt und preist meinen Herrn und dankt ihm und dienet ihm mit großer Demut.“
Danach verband man sich Hand in Hand und umtanzte in mehreren Tanz-Kreisen und –Gruppen die Mitte mit Schritten des Sirtaki, ähnlich wie er im Film „Alexis Sorbas“ getanzt wurde.
Gegen Ende nahm jede/r ein Rhythmusinstrument zur Hand oder klatschte mit den Händen, Pfoten ... oder auf der Brust oder einem anderen Körperteil. Währenddessen stellten sich die Vertreter der Tierclans und der Pflanzen, als Schöpfungssymbole, mit ihren Bannern in der Mitte um den Totholzhaufen auf. Sie symbolisierten die Schöpfung mit den 12 Tierclans und den dazugehörigen 13 Pflanzenreichen, vertreten durch Dryaden und Ents. Das Geklopfe, Getrommele und Geklatsche wurde immer mehr und zu einem

gemeinsamen treibenden und durchdringenden Rhythmus, der alle erfüllte/ergriff und in einen Gang um die Schöpfungssymbole herum führte. Dies dauerte so lange, bis jede/r davon genug hatte und wieder auf seinem Ausgangs-Platz im Kreis war.
Der dreigegliederte Abschluss begann mit dem gemeinsam gesungenen Segenslied des Irischen Segens. Die Nachtigall „Luscinia Megacantus“ stimmte alle 4 Strophen an – 4 Strophen für die 4 Enden der Erde (und die 4 Lebenszeitalter der Lebewesen: Kindheit, Jugend, junges Erwachsenenalter und reifes Erwachsenenalter - in die jeweils "hineininitiiert" wurde), damit sich der Frieden überall segnend niederließ. Alle anderen fielen dann singend in den Refrain ein. Es begann „Möge die Straße uns zusammenführen, und der Wind in Deinem Rücken sein …“ Refrain: „Und bis wir uns wiedersehen, halte der Ewige dich in der Hand …“ usw.
Der mittlere Teil des Abschlusses war der von Reineke formulierte Wunsch, dass man sich nächstes Jahr wieder in Frieden und im Werden von immer mehr Frieden auf der ganzen Welt, zwischen Schöpfer und Geschöpfen, zwischen Mensch, Tier, Pflanze und anderen Wesen, zwischen den Völkern, Religionen, Kulturen und Familien treffen und sehen möge.
Abgeschlossen durch den Wunsch „Mögest Du den Frieden finden und weitergeben“, den man sich in gesamter Runde und zu zweit nacheinander zusprach, gingen alle schließlich auseinander.
Man ging in seinen Clan, Familie oder Gruppe, beging dort einen ruhigen, gemeinschaftlichen Abend, der zum Teil bis tief in die Nacht ging oder sogar bis in den frühen Morgen. Über allen wachte der Vollmond und tauchte das friedliche Tal in silbernen Glanz.

3. Dem Geheimnis entgegen

Mit dem Morgen des übernächsten Tages brach die Expedition auf. Die Teilnehmer/innen gingen in langer Schlange, dem Bach entlang, der die Duftahnung der Quellnymphen gebracht hatte. Viele Biberländer sahen dem Trupp hinterher und wünschten der

Unternehmung viel Erfolg und Segen. Am Kopf der Expeditionsschlange ging Lotor zusammen mit Onza und Unzo. Danach schritten die 4 Adepten und Drömson, der ein kleines kurzbeiniges Islandpony erhalten hatte. Da er ja nicht gehen konnte, musste er so nicht kraftraubend schweben, sondern konnte reitend Schritt halten. Am Ende ging schützend Saubär und sein Trupp. Dazwischen fanden sich die Heiler/innen. Die Stinte unter Führung von Huele begleiteten schwimmend parallel die anderen im Bach bergauf.
Als sie nach 60 Versen noch einmal zurücksahen, konnten sie jetzt ganz deutlich den im Earth & Peace Move Ritual verhüllten Baum sehen. Seine Hülle war abgenommen worden und zu sehen war ein mächtiger und prächtiger Regenbogenbaum (= Eucalyptus deglupta). Wenn er älter wurde, verlor er einzelne Rindenteile. Dadurch schienen dann viele Regenbogenfarben auf dem Stamm auf – dort am Ritual- und Versammlungsplatz der Biberländer - also ein stehendes, stetes Symbol für den Frieden mit der Schöpfung und untereinander. Er stand dort als lebendiges Mahnmal, Ansporn und Zusicherung zugleich. Strak streckte er sich zum Himmel, um zu zeigen, von wem letztendlich der Frieden, die Fähigkeit zum Frieden zu erwarten war. Und noch etwas anderes war zu sehen. Jetzt erst konnten alle es in vollen Augenschein nehmen und – es war beeindruckend. Ziemlich genau gegenüber und damit in gerader Linie hinter dem Regenbogenbaum, sozusagen am gegenüberliegenden, weit entfernten Hang konnte man noch ein Schöpfer-Friedens-Symbol sehen. Atemberaubend war der Anblick. Dort gab es einen Berg mit einem großen, weitgespannten Hang, der farbig gestreift war, nach oben hin die Farbstreifen wie in einer Spitze auf den Gipfel zulaufend. Die Farbstreifen waren mal breiter, mal schmäler. Was sie aber erzeugten, überraschte doch alle, die "Neuen" sowieso, auch die „Alten Hasen“ immer wieder aufs Neue. Es war kein Trugbild, sondern natürlich gewordene Realität. Dort waren die Regenbogenfarben am Berg sichtbar, wie gemalt. Die Gesteine und Erden zeigten ihr wahres Gesicht. Entwickelt wurden die Farben durch unterschiedliche Materialien/Mineralien, die sich aufeinander abgelagert hatten und auch wieder freigelegt worden waren. Dort zeigten sich (Ver-)Färbungen aus roten, gelben, blauen und dunkleren und miteinander vermischten Tönen. Der Grünstreifen aus Gräsern am Fuße machte

das Ganze perfekt und vollständig – alle Farben des Regenbogens (und noch ein paar mehr) waren hier präsent. Eine ähnliche Erscheinung gab es draußen in der Welt nur noch beim Vinicunca, dem Regenbogen-Berg bei Cusco in Peru. Deshalb nannten die Biberländer ihren farbigen Berg Vinicuncita – Kleiner Regenbogen-Berg.

Sie wandten sich erst nach geraumer Zeit und einer kleineren Pause wieder um, noch ganz erfüllt von diesem Kunstwerk des Schöpfers. Der Weg führte zunächst durch üppige Wiesen mit verwirrend vielen und unterschiedlichen Spätsommer- und Herbstblüten und Fruchtständen. Schillernde Düfte und zirpende, fast orchestrale Töne sorgten für Abwechslung und Lust auf mehr. Allmählich wurde das Gelände feuchter. Es wurde durch einzelne Bäume und Gebüschgruppen durchbrochen. Weiden, Erlen und Schwarzpappeln setzen sich immer mehr durch. Hecken und Gruppen von Schwarzem Holunder, Gemeinem Schneeball, Faulbaum, Rotem Hartriegel, Nussbaum und einigen anderen gliederten die Ebene. Unter den Büschen und Baumgruppen fanden sich immer mehr Schwarze Johannisbeere, Schuppiger Wurmfarn, Straußenfarn, Königsfarn, Perl- und Sumpflappenfarn, sowie Spitzblättriges Spießmoos, Saftiges Plattmoos und Bauchiges Birnenmoos. Vor den Gehölzgruppen sah man auch Echtes Mädesüß, Gewöhnlichen Blutweiderich, Gilbweiderich und Sibirische Schwertlilie. An Totholzstangen und Holzhaufen, teilweise an den Stämmen wanden sich die Echte Zaunwinde, Gemeine Waldrebe und Himbeere. Selbst Pilze, wie der Erlen-Grübling und Sumpf-Schnitzling streuten farbige Tupfer, vor allem gelblich-grüne und rötlich-braune, ein. Am Bach wurde es immer sumpfiger. Schilf tauchte häufiger und dichter auf, dazwischen oft akzentuierend Breitblättriger und Schmalblättriger Rohrkolben. Die Expeditionsgruppe hinterließ einen tiefen, eingetretenen und feuchten Pfad. Zuletzt war es mühsam und schlickig.

Wenn die Expeditionsmitglieder die Gelegenheit hatten durch kleine Lücken im Schilf zu schauen, dann sahen sie jenseits des Baches ein weitverzweigtes Gewässersystem. Hier konnte man nicht nur größere und kleinere Tümpel, Mini-Seen und Wasserläufe sehen. Es waren zusätzlich Inseln zu sehen, zum Teil aus Schilf (Schilfbulten), manchmal sogar schwimmend, andere erhoben sich wie kleine steinige Festungen. Die Ausläufer schmiegten sich an die Hänge der

umgebenden Berge. Sie waren am Rand der Schlangenclan-Heimat angekommen. Von weitem sahen sie Schlangenhäuptlingsfrau Serpenta und den Warankaziken Varanus. Sie standen beobachtend und fröhlich grüßend auf dem obersten Felsen einer Steininsel. An deren Fuß unterhielten sich angeregt zwei Dracs. Zusätzlich konnten die Expeditionsmitglieder so manchen Kopf von Krokodil oder Alligator in den Gewässern ausmachen. Wenn man ganz genau hinschaute, dann konnte man sogar selten einen Blick auf gut getarnte Schilfdryade oder Sumpfzypressen-Ent erhaschen. Auch die Rufe von Kröte und Unke waren zu hören.
Als sie weitergingen führte der Weg hinaus aus dem sumpfigen Gebiet leicht bergan und ihre Tritte stießen jetzt auch ab und an auf Steinplatten und gerundete Steine. Ein mühsamer Aufstieg begann. Mehrere Tage gingen sie nun bergauf, wieder begab, durch einzelne Kerben und Täler und über vielgestaltige Hänge. Manchmal begleitete sie der Bach, manchmal ging dieser einen eigenen Weg, öfter sogar unter den Felsen hindurch. Abends suchten sie sich windsichere Unterschlupfe an einen Fels geschmiegt, in einer Mulde oder unter oder neben einem Gebüsch.

An einem der vielen Abende saß Linwirospecht auf einem abgeplatteten Felsen, ließ die Beine baumeln und schaute zurück in Richtung des Tals von Biberland. Der Mond hatte schon etwas abgenommen. Da es hier keine künstliche Lichtflut, Lichtsmog, gab, konnte er viele Sterne am immer dunkler werdenden Himmel sehen. Sogar die Milchstraße war als allmählich deutlicher werdendes diesig-milchiges Band zu erkennen.
Wuseliges Spechtherz setzte sich neben Linwirospecht. Mittlerweile hatte er sich an ihre Nähe gewöhnt. „Ich habe eine Überraschung dabei“, flötete sie in sein Ohr. Verwirrt und fragend schaute er sie an. „Ich habe am Tag vor unserem Aufbruch im Tal noch etwas hergestellt. Buchendryade Faga hat mir dabei geholfen. Wir haben Bucheckern gesammelt, sie geschält, gewaschen und getrocknet. Danach habe ich auf einem heißen Stein die Buchecken leicht erhitzt und angeröstet.“ „Du willst doch nicht sagen, dass Ihr eine Bucheckern-Mahlzeit bereitet habt. Von Bucheckern bekommt man doch Magenschmerzen und leichte Übelkeit, dachte ich immer“, unterbrach Linwirospecht.“ „Aber nein, keine Angst, Lin“ (das war Spechtherzens Kosename für „ihren“ Linwirospecht); das gilt nur,

wenn man die Bucheckern unbehandelt, roh und in größeren Mengen zu sich nimmt. Wir haben sie erhitzt und damit das in ihnen enthaltene Fagin zerstört. Jetzt sind sie bekömmlich. Sieh her!“ Sie hatte ein paar in ihre Handfläche rieseln lassen. „Ich habe sie noch etwas gesalzen. Zusammen mit dem leichten Röstaroma ist es ein leckerer Snack. Ich dachte mir, das wäre doch was für uns an einem solchen Abend.“ Und – Wuseliges Spechtherz hatte recht. Viel besser als gesalzene Erdnüsse, charakterstärker, etwas exotisch schmeckten die Bucheckern. Es passte prima zu der späten Abendstimmung. Danach löschte das klare Bachwasser den aufkommenden Durst. Sie schliefen in dieser Nacht ganz nahe beieinander, den geschlossenen Blick auf niederfallende Sternschnuppen gerichtet.

In den nächsten Tagen erreichten sie auf halber Hanghöhe ein weites Feld mit niedrigem Rhodendron-Gebüsch. Dort gab es die Zwittrige Krähenbeere, Alpenheide, Kleinblättrige Rauschbeere und vor allem Rostblättrige und Bastard-Alpenrose (Rhododendron). Darüber wurde der Berg zunehmend baum- und strauchloser. In einem Grünerlen-Gebüsch verschwand der Bach, dem sie die ganze Zeit gefolgt waren. Huele und seine Stinte schafften es gerade so, sich in die Bergöffnung, in der der Bach zu entspringen schien, hineinzuzwängen. Lange Zeit folgten die Stinte dem Verlauf durch ein unterirdisches Labyrinth. Während die anderen diesen Tag an dieser Stelle beendeten, erkundeten die Fische so den Verlauf. Erst am nächsten Vormittag kam Huele zurück. Er berichtete, dass der Bachlauf den Berggipfel unterirdisch durchquerte. Er kam auf der anderen Seite wieder heraus. Dort floss er auf einer Hochebene den Stinten entgegen. Hinter der Hochebene stieg ein weiterer Berg sanft an. Man konnte aus der Ferne zwei große Gletscher erkennen, die wohl den Ursprung des Fließgewässers bildeten. Huele hatte die Stinte zur Vorsicht gemahnt und sie zur weiteren Erkundung vorausgesandt. Er aber wollte zurück, um Bescheid zu geben.

Nach kurzer Beratung, etwas Ausruhen, Kraft tanken und einer kleinen Mahlzeit kehrte Huele durch den Berg auf wässrigem Weg zu seinem Schwarm zurück. Die Expedition machte sich zu Fuß auf den Weg über diesen vorderen Berg. Im Hochtal würde man die anderen wieder treffen. Hellsichtiger Rabe und Drömson gaben diese Wendung als Botschaft ins Biberländer Tal weiter. Lachender Sperling hatte schon eine Weile voller Sorge auf eine Nachricht gewartet. Sie gab

auch an die beiden weiter, dass eine der Weisen im Rat, Rupirupi, die dunkle, mütterliche Wissende, eine Gämse aus dem Spechtclan, wohl dieses Bergtal kannte. In ihrer Jugend war sie dort in einer märchenhaften Nacht einer Quellnymphe begegnet. Dort war ein kleiner See, „Blauseele", ein kleiner tiefblau schillernder See, der am Abfluss in einen Schilfgürtel mündete. Danach, nach kurzem, fast ebenem Weg im Tal verschwand er dann im Berg. Es war eigentlich nicht die Heimat der Quellnymphen – ihre ursprüngliche Heimat lag weiter weg. Aber dort hatten diese eine kleine „Sommerausflugs-Residenz" gehabt, in der auch ein schimmerndes Metall an einigen Stellen zu finden war. Eine unheilvolle Vorahnung machte sich bei allen breit.
Als die Expedition schließlich das Hochtal (es war geformt wie ein Kar) erreichte, wartete dort schon Huele. Er hatte keine guten Nachrichten. Die Stinte hatten herausgefunden, dass das Blauseele nicht mehr blau leuchtete. Sein Wasser war völlig vergiftet. Am Ausfluss hatte sich totes Pflanzenmaterial in konzentrischen Ringen und halbkreisförmig angesammelt. Dann floss das Wasser durch eine breiten Schilfgürtel, der zum Teil verendet und verlandet war, aber immer noch sehr feucht bis nass an einigen Stellen. Nur einzelne Bulte dazwischen waren etwas trockener, daneben zum Teil tiefe Rinnsale. Dem Schilfgürtel und Feuchtgebiet war es zu verdanken, dass der Bach unterhalb nur sehr wenige der giftigen Substanzen enthielt. Je weiter der Bach floss, umso mehr blieben die Gifte in der Vegetation und dem Substrat/Boden hängen und wurden weitestgehend neutralisiert. Der Schilfgürtel nebst Feuchtgebiet wirkte vorgeschaltet wie eine Sumpfbeet-Klärstufe, bei der vor allem die innewohnenden Mikroorganismen für die „Klärung" sorgten.
Die Stinte konnten in dem gekippten Gewässer nicht länger überleben. Und so hatte Huele die Fische auf die gegenüberliegende Seite des Seeleins geschickt. Dort sollten sie beobachten und abwarten. Sie konnten dort auch frei atmen und überleben. Denn – dort kamen ein paar kleinere Rinnsale den Berg herunter. Das frische Wasser machte dort das Gewässer ein bisschen überlebensfreundlicher, bevor das Wasser dann von der östlichen Uferseite her vergiftet wurde. Die eigentliche Quelle des kleinen Sees und damit des Baches schien im Abfluss des Gletscherwassers zu liegen.

Das mögliche Expeditionsziel lag von Biberland aus gesehen in grob nordwestlicher Richtung. Also in fast entgegengesetzter Richtung zur Lage von Drömtidelstad, das sich ostsüdöstlich von Biberland befand – das Drömtidelstad, das die Heimat von Wuseligem Spechtherz war und ihrer Familie und - von Tüpfelchen, dem fast zahmen Rehkitz – Drömtidelstad, das große Oval umringt von Bergen, auf der Seite des Tals mit dem Ritual der "Nacht der Bestimmung" etwas niedriger. Dieses Tal lag mit dem zugehörigen Ritualplatz „Spiegel des Paradieses“ dagegen ganz im Süden. Das Bächlein Lebendiges Wasser war die Fortsetzung des Bächleins Schnelles Waser aus Drömtidelstad, verbunden durch das Fallende Wasser. Dort waren die drei Jungs der Adepten-Gemeinschaft noch Brückengeher genannt worden (= die zu initiierenden Buben von ca. 12 Jahren – einige auch älter – max. 17 Jahre alt – oder jünger – mindestens aber 11 Jahre alt), die vom Jungen (Kindheit) zum langsamen Mann-Werden (Jugend) begleitet wurden; nach dem Ritual nannte man sie Sucher und als Zeichen hatten sie einen roten Kreis auf die Stirn gezeichnet bekommen, erst in Biberland waren sie dann zu Adepten geworden). Als die 4 Adepten (jetzt zu viert mit Wuseligem Spechtherz) vor einigen Wochen sich auf den Weg nach Biberland gemacht hatten, gingen sie von Drömtidelstad aus zunächst auf den Berg der Bestimmung, der im Osten lag. Von nordnordöstlicher Seite hatten sie dann den Zugang an der Schlucht vorbei zu Biberland gefunden. Aus westlicher Richtung waren die letzten Eindringlinge gekommen, die mit der Affensprungtaktik vertrieben/gefangen und wieder dorthin zurückgebracht worden waren.

Jetzt machte sich die Expedition langsam und Deckung suchend auf an das westliche Ufer des Blauseeles. Drömsons Pony ließen sie an der gegenüberliegenden Seite des Hochtals zurück, dort wo sich der Eingang und der Schilfgürtel befanden. Drömson schwebte ganz nah über dem Boden, leicht geführt von Schneller Bär.

4. Des Rätsels Lösung – eine höchst emotionale Befreiung.

Oh, wie waren sie alle überrascht, als sich herausstellte, dass nicht nur das Gewässer vergiftet war und intensiv krankmachend roch. Das Wasser war zudem mit allen möglichen grauen, metallischen und gelblichen Schlieren und Flecken gesprenkelt. Überdies konnten sie in der anbrechenden Dunkelheit am östlichen Ufer Lichterschein erkennen. Von ferne waren menschliche Stimmen zu vernehmen, wenn auch, weil zu weit entfernt, die gesprochenen Worte nicht zu verstehen waren. Die gegenüberliegende, östliche Seite sah zudem nicht sehr ansprechend aus. Noch im Dämmerlicht war zu erkennen, dass dort die Vegetation nicht mehr intakt war. Von dem ehemaligen Wäldchen kündeten nur noch die abgesägten Stümpfe. Ein Gelände durchbrochen von kraterartigen Strukturen, Erd- und Steinhaufen, Müllhalden, ausgedienten vor sich hin rostenden Gerätschaften und – auch die Berghänge waren durchbrochen wie ein Schweizer Käse. Im Schutz der späteren, nächtlichen Dunkelheit sollten die Jaguare dieses Gelände in Augenschein nehmen und auskundschaften. Der Rest wollte sich in der Nähe und im Schutz eines kleinen Grünerlenwäldchens zur Nachtruhe begeben. Saubärens Rotte übernahm zwischen den Rhododendren in etwas Abstand die gut verborgene Wache.
Übrigens diese Mischvegetation bzw. das Nebeneinander war etwas ganz Besonderes. Denn die Rhododendren waren hier auf dieser Höhe eher an ihrer Verbreitungsuntergrenze, während das Schilf gleichzeitig schon an der absoluten Obergrenze seines Verbreitungsgebietes war. Vielleicht war das Schilf sogar schon darüber hinaus. Aber aufgrund der gesegneten, günstigen mikroklimatischen Verhältnisse konnte es hier gerade noch existieren.
Während sie schliefen, versuchte Drömson seinen Geist über das Wasser schweben zu lassen. Er fand auch tatsächlich ein paar Traumfäden der Menschen an diesem dystopischen, albtraumhaften gegenüberliegenden Ort. Es waren wirre Fetzen, von Köpfen und Psychen von habgierigen und materialistischen Männern und Frauen. Immer wieder tauchten auch Hoffnungswellen und Phantasien von unermesslichem Reichtum auf. Die Träume waren aber recht unzusammenhängend und wie hinter Nikotinschwaden und

Alkoholdunst verborgen. Das erschöpfte Drömson sehr und verwirrt schlief er schließlich ein.

Am nächsten Morgen erwachten alle Expeditionsmitglieder fröstelnd. Ebenfalls Unzo und Onza hatten hier den Rest der Nacht schlafend verbracht. Saubär meldete, dass alles still geblieben war. Von der anderen Seite des Seeles war sehr wenig und nur leise etwas zu hören: schnarchen, zartes klirren, klopfen von Holz auf Holz und ähnliches. Unzo erzählte dann, dass dort drüben wohl ein Lager war, das schon lange Monate, wenn nicht gar Jahre existierte. Es gab feste Blockhäuser und ganz im Osten, auf der Wasser abgewandten Seite, einen breiten Pfad bergab. Dort lag auch Kot von Mulis, die in einem Stall angebunden waren. Auch einzelne Hunde streunten durch das Lager. Sie waren, ebenso wie die Mulis, abgestumpft und struppig. Offensichtlich wurden sie nicht allzu gut behandelt. Überall standen und lagen auch Hacken, Schaufeln, Hämmer und anderes Werkzeug und Gerät. An den Wänden und in Unterständen lehnten Säcke, die üble Gerüche ausströmten.
An diese Schilderung schloss sich eine lebhafte, aber sehr leise Diskussion an. Jaguar-Erkenntnisse, Drömsons Traumsuche und die Infos der Weisen Rupirupi aus dem Rat wurden zusammengeführt. Der Versuch das Puzzle zu lösen, war nicht einfach. Im Endeffekt kam man gegen Mittag zu dem Schluss, dass das Lager wohl von Bodenschatzsucher/innen eingerichtet worden war. Es könnte sein, dass Gold, Edelsteine oder Erze gesucht, geschürft, ausgewachsen, verhüttet und den Bergen entrissen wurden. Für die Indi Heilende Hand und die Elbin Ancalima war diese Vorstellung fast unerträglich. Sie litten förmlich körperlich. Sie litten mit der Erde, die so vernarbt und zerstört wurde. Dendrobatus, der Froschheiler, ließ traurig den Blick über das Lebenselixier Wasser schweifen, das zu einer Giftbrühe verkommen war. Man kam mehrheitlich zum Schluss, bevor Weiteres und Anderes unternommen wurde, dass man etwas gegen das Desaster auf der anderen Seite unternehmen musste. Nicht oft griffen die Biberländer direkt in den Lauf der Geschicke der Welt ein. Aber wenn es so dramatisch war, dann gab es kein Halten. Wenn jemand bedroht war oder auf der Flucht, mit Leib und Leben, körperlich oder psychisch, gequält, unterdrückt oder sonst wie bedroht war, dann nahm man auch Wesen aus solchen zerstörten Orten auf und versuchte einen Impuls zur Heilung der Gegend zu setzen. Dann war dies erste

und selbstverständliche Geschöpfes-Pflicht ohne Zaudern und Wenn und Aber. Wer sollte/wollte so hartherzig und egoistisch sein, dem Ruf des Herzens und des Schöpfers nicht zu folgen. In solchen Fällen waren die Biberländer auf Rettungsgang und Biberland wurde ein Ort wie die biblischen Asylstädte.

Kurz und gut, ein Plan war bald entworfen. Man nahm sich eine Taktik aus dem 18. Jahrhundert zum Vorbild. Diese war ein knappes Jahrhundert später durch die Brüder Jacob und Wilhelm Grimm überliefert worden. Danach hieß die taktische Vorgehensweise „Bremer Stadtmusik". Die Protagonisten der also mindestens zwei- bis dreihundert Jahre alten Ereignisse hatten erfolgreich und ohne großartige Waffen einzusetzen oder gar Blut zu vergießen, Böses aus einer Waldhütte vertrieben. Sie hatten es ähnlich gehalten wie die Biberländer. Denn selbst wenn jemand Böses getan oder Übles in die Welt gebracht hatte, hatte der oder die immer noch ein Recht auf Leben und Einhaltung der Menschenrechte und gleiche Würde vor dem Ewigen als Geschöpf wie jede/r andere. Es war nicht Sache der Geschöpfe, selbst über das Leben eines anderen zu richten oder es gar zu beenden – unter keinen Umständen. Einzelne Menschen oder gar ganze Staaten, die die Todesstrafe forderten oder immer noch ausübten, hielt man für unzivilisiert und unmenschlich.
Hier im Kar-Hochtal der aktuellen Ereignisse sollten also die Antagonisten der Biberländer, die Erzschürfer, Gold- und Edelmetall-/Edelstein-Sucher, Naturzerstörer für immer und nachhaltig vertrieben werden. Dazu warteten dann die Stinte auf ein Einsatzzeichen, Unzo begab sich auf das Dach des größten Gebäudes im Lager gegenüber, Onza stellte sich auf einen kleinen Felsvorsprung, Saubärs Rotte blieb zunächst noch im Hintergrund der Gebäude. Weiterhin begaben sich Dendrobatus und Lotor an den östlichen Gewässerrand und stimmten ein urtümlich, seltsames Duett an. Gleichzeitig glitzerte Saille, die Weidenfee, in deren Nähe silbrig und schickte so den ein oder anderen Lichtblitz durch die Fenster. Es sollte nicht nur Aufmerksamkeit erregen, sondern auch vorwitzige Augen hinter den Fenstern blenden und verwirren. Vorher schon hatte die Elbin Ancalima die Mulis und Hunde zu deren eigenem Schutz in einen tiefen Schlaf geschickt. Während die vier Adepten und Drömson gespannt den Fortgang der Geschehnisse vom westlichen Ufer aus beobachteten (ihre Aufgabe war es, nicht selbst einzugreifen, sondern zu lernen), richteten hinter

ihnen Dr. Medicus Sana und Heilende Hand weiche Lager her und stellten das Schmerzmittel, das Saille dagelassen hatte, bereit. Sobald Lotor, Dendrobatus und Saille begonnen hatten, hörte man schon leichtes Rumoren in den Hütten. Durch die Scheiben sah man Augen und Nasen, die verwundert und erschrocken versuchten herauszufinden, was da draußen vor sich ging. Die Bewohner entschieden sich dann, mit Äxten, Schaufeln und Hämmern bewaffnet, aus den Türen zu treten. Dies war das Zeichen für die Jaguare, die ihr schauerlichstes Gebrüll hören ließen. Aus ihren Augen funkelte es grün und feurig. Schon das alleine brachte große weitere Verwirrung und die Angst ließ die Knochen knacken und die Zähne knirschen. Aber nicht genug. So „vorbereitet" brach von hinten die Rotte durch. Den überraschten Angstbesessenen blieb nichts anderes übrig, als die Flucht nach vorne - ins Blauseele anzutreten. Gift, Schlamm und Glitsch taten ihr Übriges. Die Verwirrung war jetzt auf dem Höhepunkt, die Panik versetzte die Luft in Vibrationen. Nun war der Zeitpunkt für das finale Fanal. Hueles Schwarm schoss zwischen den Beinen durch, stieß in Magengruben, sprang ins Gesicht, umschmeichelte unheimlich nackte Beine. Völlig entgeistert und kopflos flohen die Umweltzerstörer aus dem Seele, rannten stolpernd, fluchend und kaum etwas sehend durch die dunkle Hüttensiedlung. Danach ging es über den Rand des Kars immer talabwärts. Keine/r dachte daran, auch nur einmal zurückzublicken oder gar noch etwas mitzunehmen. Bis zur völligen Erschöpfung flohen sie, flogen sie, stolperten sie, verletzten sich, lagen letztendlich außer Atem irgendwo am Hang oder zwischen Gebüsch und Gehölz. In dem Moment, in dem der Atem ein klein wenig zurückkam, humpelten sie in Gruppen oder einzeln zurück in die Welt der „Zivilisierten". Dort schlichen sie unter die Menschen und vor lauter Scham, Schmach und immer noch Graus im Nacken erzählten sie kaum etwas. Aber das Wichtigste, keine/r kam jemals zurück ans Blauseele. Dieser Ort war von nun an wieder für sich. Die Expeditionsteilnehmer taten noch ein Übriges, um eventuellen Rückkehrern dies zu erschweren. Sie lösten ein paar Bergstürze und Geröllawinen aus, die sowohl den Zugangsweg für Generationen zuschüttete, als auch die Hütten dem Erdboden gleich machten. Auch von den Narben und gegrabenen Höhlen im Berg war nichts mehr zu sehen. Und nachdem dann Monate später auch das letzte Gift aus dem Seele heraus war und Pflanzen nachgewachsen waren, deutete fast nichts mehr auf dessen zwischenzeitlich unrühmliche Episode hin. Vorher noch hatten sie die Mulis und Hunde mit krautigen Beruhigungsmitteln (unter anderem Johanniskraut-Sud) besänftigt. Sie erklärten ihnen, dass sie die Wahl hätten, den Weg zurück zu ihren „Meister/innen bzw. Herren/innen“ zu nehmen oder das Asylangebot in Biberland anzunehmen. Nachdem ihr Leben jedoch alles andere als ein Zuckerschlecken, eher ein Sklavendasein mit vielen Schmerzen und Demütigungen gewesen war, nahmen alle bis auf eine Ausnahme das Angebot an. Sie nahmen nicht nur an, sondern spielten sogar noch ein hilfreiche Rolle. Die eine Ausnahme war ein uralter Schäferhund-Husky-Mischling. Er war so sehr mit dem menschlichen Leben und seinem Menschen verbunden, auch mit dem Leben in Städten und Dörfern, dass er sich ein anderes Leben einfach nicht vorstellen konnte. Einen alten Baum, aber auch einen alten Hund verpflanzt man nicht so leicht. Er ließ sich also versorgen, ruhte etwas aus und vesperte ordentlich. Dann nahm er Abschied, roch und leckte nochmals seine Gefährten und ließ ein trauriges aber dankbares Geheul erschallen. Er schlich über den Talrand und war nicht mehr gesehen. Später einmal erzählten Geschichtenerzähler von diesem treuen Alten, der wohl viele Tage benötigt hatte, um aus den Bergen zurückzukehren. Im Dorf angekommen freute er sich, seinen Herrn zu sehen, wurde aber von diesem nicht mehr angenommen und fortgeprügelt. Zu vieles erinnerte diesen Undankbaren an die selbstverschuldeten Erfahrungen in den Bergen. Sein weiteres Leben fristete der Hund dann wohl bettelnd auf den Straßen und starb verlassen und abgemagert in einem schmutzigen Hinterhof. So dankte dieses „Herrchen“, dieser (Un-)Mensch, wie wohl zu viele andere auch, diesem tierischen Freund seine Treue und Zuneigung.

Bevor jetzt die Handlungen weitergingen, wurden die Verwundeten, Heiseren, Erschöpften der Expedition gepflegt und „wieder hergestellt“.
Der kommende Tag war eher Müßiggang und Erholung gewidmet. Immer wieder kam das Gespräch auf das eigentliche Ziel der Unternehmung. Bis jetzt hatten sie keine Anzeichen von Quellnymphen entdecken können. Die Hunde streunten umher und die Mulis genossen den Umgang und das Miteinander mit den anderen. Der zweite Morgen nach der „Bremer Stadtmusik“ aber brachte eine Wendung. Es ging dann recht schnell. Der größte der Hunde, (ein

übergroßer Husky, vermutlich waren in seiner Ahnenreihe auch 1 oder 2 Bernhardiner gewesen – unter anderem die Körpergröße und die etwas plattere Nase wiesen darauf hin), Anuk-Amaroq genannt, hatte schon vor Wochen eine seltsame Witterung aufgenommen. Es war nur ganz schwach wahrzunehmen: feucht, moosig, irgendwie aromatisch. Aber solch ein Duft passte zu keinem Ort oder Eck im Kartal - auch nicht zu irgendetwas aus seiner Erinnerung. Jedoch die Stinte meinten, dass so ähnlich auch die Duftspuren im Wasser waren. Übrigens, mittlerweile hatten die Fische den Bach, der im Gletscher entsprang, durchs Blauseele floss und dann in Biberland ankam, „Nymphenbach" getauft. Lotor betrachtete daraufhin nochmals ganz genau fast jeden Zentimeter des Tales und der Hänge. Zusammen mit Schneller Bär, der einen überaus scharfen Gesichtssinn besaß (= das Sehen), diskutierte er die Beobachtungen. Lotor besaß zudem in besonderem Maße den sechsten Sinn, das „Sanfte Ahnen" (= den Tele-Sinn). Das kam ihm jetzt zugute. Denn – ganz in der Nähe des Erlengebüschs bei ihrem eigenen Lager, hatten sie ein weiteres, sehr dichtes Erlengebüsch entdeckt. Dieses schmiegte sich elegant an die Felsen. Hier war es besonders feucht, vielleicht durch eine zusätzliche sumpfige Quelle. Deshalb war hier auch der Bewuchs sehr üppig. Halb versteckt über dem Gebüsch gab es eine kleine Felsnase, die irgendwie seltsam aussah. Kleine dunkelgrüne, fast schwarze Fäden gingen von dort bis in den Boden ganz nahe beim Blauseele.
Und als die Hunde alles abgeschnuppert hatten, auch die Jaguare alles durch die Nase gecheckt hatten (= durch den zweiten Sinn, das Riechen), fanden sie mehrere kleine ovale Strukturen im/am Felsen, versteckt hinter den Erlenästen. Lotors sechster Sinn tastete diese Stellen und die Felsnase ab. Er hatte das Gespür, dass diese eher kein Fels war. Dahinter schien etwas Trauriges zu sein. Vielleicht so etwas wie ein steinernes Gedächtnis eines Unglücks. Ancalima jedoch, die Elbin, hatte ein, fast schon unheimliches, feines Gehör (= der erste Sinn). Die Wildschweinrotte bildete eine kleine, lebendige Pyramide, an der Ancalima in die Höhe klettern konnte. Sie legte ein Ohr direkt auf die Felsnase. Sie konnte ein ganz entferntes Schluchzen hören und immer wieder auch aussetzendes, ganz schwaches Herzpochen. Ancalima überkam eine tiefe Traurigkeit. Sie konnte sich kaum halten. Ihre Tränen flossen in Strömen. Sie wurde sanft auf ein Kräuterbett gelegt und von Saille getröstet. Lotor aber nahm die Botschaft sofort

wahr. Er ahnte, er wusste, dass dies viel mehr bedeutete.
Jetzt kam der Einsatz der Adepten, dazu von Drömson. Als Menschen hatten sie besonders geschickte und entsprechend geformte Hände und Finger (damit zusammenhängend auch einen hervorragenden Tastsinn, die taktile Wahrnehmung). Sie wurden kletternd, Drömson schwebend, zu sowohl den kleinen ovalen Stellen, als auch der Felsnase geschickt. In ihren Händen hielten sie größere Steine, die zuvor in der Nähe des Zuflusses des Gletscherbaches in das Seele gefunden worden waren. Wie Faustkeile und Meisel benutzen sie nun bestimmt und kräftig, aber gleichzeitig eher vorsichtig die Steine. Man hörte das Schaben, Scharren, Klopfen und Hämmern als Echo über das ganze Tal. Eine nach dem anderen zeigten die „Beulen im Fels“ kleine Risse. Sie sahen schon bald aus wie Eier, die vorsichtig „aufgetitscht“ wurden. Kleine, feine Risse zogen sich zackig über die ganze Oberfläche. Zuerst bei der Felsnase bröckelte auch ein größeres Stück ab. Die „Schale“ war hier viel dünner als weiter unten bei den kleinen Ovalen. Jetzt war das Schluchzen deutlich zu hören. Auch konnte man sofort sehen, dass die dunklen, grünen Fäden so etwas wie abfließende Tränen waren, die hier das günstige Milieu für Algen geschaffen hatten. Sofort hörten alle Arbeiten auf und man kümmerte sich nur noch um die Felsnase. Ganz langsam schälte dort Drömson zusammen mit Wuseligem Spechtherz, die andern waren unten beschäftigt gewesen, ein noch nie vorher gesehenes Geschöpf aus dem Felsenei. Ancalima war in der Zwischenzeit getröstet und voller Mut auf den Beinen. „Das ist eine Quellnymphe“, ließ sie von unten hören. Sie hatte in alten Aufzeichnungen ihres Volkes ziemlich genaue Beschreibungen gesehen, die dem entsprachen, was dort zu sehen war. Aller Aufmerksamkeit wanderte nun erstaunt zwischen der Felsnase und Ancalima hin und her.
Die Quellnymphe hatte eine ehemals ganz feuchte, jetzt nur noch und kaum angedeutet leicht feuchte, schon rissige, halb ausgetrocknete Haut – zart tarnfarbenes Grün war wohl einstens die Grundfarbe gewesen. Diese Haut glich einer Fischhaut. Ihr Haar, oder was immer das war, hing strähnig vom Kopf. Finger und Zehen waren verkrampft zusammengezogen, die Augen verklebt und verschlossen. Nur noch ganz leicht und immer wieder stockend hob sich der Brustkorb. Jetzt war Saille gefragt. So als Weidenfee, wie eine Weide, streckte sie sich auf ein paar Schweinen stehend der Nymphe entgegen. Mittlerweile

hatten Spechtherz und Drömson ganz vorsichtig den schmerzverzerrten Körper herausgelöst und ließen ihn in die Weidenarme gleiten. Auf ein Muli gelegt wurde die Quellnymphe zum Expeditionslager transportiert. Vor allem der Froschheiler kümmerte sich von nun an um sie. Mit solcher Haut kannte er sich aus. Die anderen Heiler-Zünftler brachten Aktivierungskräuter, Schmerzstiller und Hautpfleger herbei. Vorsichtig wurden die verschlossenen Augen behandelt. Dr. Medicus Sana hielt mit seinen Künsten einen nun gleichmäßigeren Herzrhythmus aufrecht. Benommen und mitgenommen beobachteten, die zur Untätigkeit verdammten, restlichen Anwesenden die Bemühungen.
Plötzlich öffnete die Quellnymphe die Augen. Ihre traurigen, tiefen und dunklen, bei allem immer noch wunderschönen Augen schauten zum Himmel, in die Runde und gleichzeitig in die Ferne (und die Vergangenheit?) und versuchten zu realisieren, was hier geschah. Ein tiefer zittriger Seufzer beendete die lange, bleierne Stille. Dann – zunächst nur zögerlich und stockend sprach, eher flüsterte sie. Nachdem ihr etwas klares Kräuter-Wasser eingeflößt worden war, waren die Worte verständlicher. Sie sprach in einem, schon lange nicht mehr gehörten Dialekt, dem Elbischen nicht unähnlich. Ancalima übersetzte daher für alle.
Crinaemama, so hieß die Nymphe, war vor langen Jahren die Hüterin des Nachwuchses gewesen. Zu der Zeit als die ersten Wesen, Tiere, Pflanzen und Menschen nach Biberland gegangen waren, zogen sich die Quellnymphen zurück. In ihrem Refugium konnten sie noch lange traditionsgemäß und unbehelligt leben. Als aber das Klima sich veränderte und es überall wärmer wurde, wurde es auch in den Quellnymphen-Refugien trockener. So begann das Drama. Letztendlich zogen sie sich ins Blauseele-Tal zurück. Dies war der allerletzte Ort gewesen, der noch etwas Schutz und Überlebensmöglichkeit bot. Dann kamen die Menschen ans östliche Ufer. Nicht nur die Ruhe war gestört, der Lebensraum nun sehr eingeengt, auch das Wasser wurde mehr und mehr vergiftet. Crinaemamas eigene Mutter hatte ihr am Ende, als schon fast alle gestorben waren, noch geholfen einen letzten verzweifelten Versuch zu unternehmen. Die Quellnymphen waren friedliche Wesen, nicht zum Kämpfen geboren. Deshalb litten sie still und kaum beobachtet. Crinaemama und ihre Mutter hatten steinige „Kokons gesponnen“ und

dort die letzten überlebenden Kinder in einen tiefen Dauerschlaf versetzt. Eine gewisse Zeit konnten sie dort überleben. Dann begab sich Crinaemama selbst in einen Kokon - die Felsnase. Von innen konstruierte sie selbst, von außen ihre schon vom Tod gezeichnete Mutter. Dann hatten sie sich verabschiedet. Die Mutter ging wie die anderen in ihr wässriges Grab im Blauseele. Um Crinaemama hüllte sich das Schweigen. Tiefe, fast hoffnungslose Traurigkeit war ihr einziger Begleiter gewesen. Nach dieser langen Schilderung schlief sie erschöpft ein.

Die Expeditionsmitglieder waren wie benommen und emotional gelähmt. Dann aber berieten sie, was sie unternehmen sollten. Lotor und Ancalima stellten fest, dass in den kleinen ovalen Fels-Kokons zumindest zum Teil noch Leben war. Aber sie widerstanden der Versuchung, die Kinder sofort und selbst zu befreien. Denn sie vermuteten, dass dabei vieles schief gehen konnte. So verging auch dieser Tag.

Der letzte Strahl des Mondes hatte dann am frühen Morgen, noch halb in der Nacht die Quellnymphe wachgeküsst. Und es war besser gewesen, hatte sie den anderen mitgeteilt, dass diese die Kinder nicht selber befreit hatten. Denn sie waren sehr verletzlich und nur mit bestimmten Techniken sicher zu befreien. Crinaemama konnte schon wieder etwas gehen. So konnte sie vorsichtig zu ihren Kindern gebracht werden. Saille, Ancalima und Dendrobatus halfen ihr dann, einen Kokon nach dem anderen zu öffnen. Ein paar wenige Quellnymphen-Kinder waren zwischenzeitlich gestorben, sie wurden später an/in der Nymphenbach-Quelle beigesetzt. Die meisten aber hatten überlebt. Im Ganzen waren es über zwei Dutzend kleine Quellnymphen beiderlei Geschlechts. Einige waren noch fast „Säuglinge“, andere waren schon Pubertierende. Auch sie alle waren von tiefer Traurigkeit und den Folgen der langen Einsamkeit geschlagen. So dauerte es mehr als eine Woche bis die Quellnymphen allmählich zurück ins Leben gefunden hatten. In dieser Zeit wurden sie immer kräftiger. Die Kinder, wie Kinder eben, lebenshungrig, neugierig, offen und bewegungsfreudig umrundeten das Seele, musterten jedes Eck und jeden Winkel und wollten alles Mögliche wissen.
Crinaemama hatte sich mit der Zeit entschlossen, eine kleine

Trauerfeier für ihr Volk abzuhalten. Sie tat es alleine mit ihren Kindern zusammen - nur Ancalima und Dendrobatus durften assistieren. Die anderen erlebten aus einiger Entfernung etwas völlig Eigentümliches, Uriges, fast Außerirdisches. Ähnliches hatten sie zum Teil nur noch bei den Ranons schon einmal gesehen. Die Farben Grün, Blau und Türkis spielten eine Rolle, ebenso wie das Wasser und mit ihm verbunden der Mond. Die Namen der Verstorbenen und der Urahnen wurden noch einmal gerufen und bestimmte Wasserkräuter ins nasse Grab gegeben. So wurden die Seelen zur Ruhe begleitet. Crinaemama stellte Kontakt zu dem her, was im Wasser noch an Erinnerungsgeruch und Ahnung vorhanden war. So füllte sie auch ihr Wissen auf über ihre eigene Kultur. Nichts würde in Vergessenheit geraten.
Erst dann entschied sie sich, mit dem Rest des Volkes der Quellnymphen nach Biberland mitzugehen. Die Quellnymphen-Kinder konnten sich größtenteils schon wieder mit dem Herzen auf dieses neue Abenteuer und eine hoffentlich bessere, friedliche Zukunft einlassen. Auf Crinaemamas Herzen blieben aber ein Leben lang kleine dunkle Schatten der Traurigkeit und des Verlusts zurück.

5. Aufnahmen, Integrationen, Heimatwerdungen

Doch es dauerte nochmals einige Tage bis man zur Abreise bereit war. Drömson hatte Lachendem Sperling in Biberland schon übermittelt, dass sie aufbrachen und neue Wesen mitbringen würden: Quellnymphen, Hunde und Mulis. Er erhielt als Antwort, dass man sich auf die „Neuen“ freuen würde. Man machte sich daran, alle würdig und freundlich aufzunehmen.

Die Stinte reisten auf getrenntem Wege im Bach voraus und zurück nach Biberland. Sie würden die Nachrichtenlücken noch etwas ausfüllen.
Die anderen fertigten aus Ästen, Schilf, Moos und anderem bequeme Tragen und Tragkörbe. Die Mulis hatten sich angeboten, die

Quellnymphen zu „transportieren“. Zwar ging es nun meist bergab, aber trotzdem dauerte die Reise zurück viele, viele Tage …

Als sie zurückkamen, war der Herbst schon weit fortgeschritten. Die Ernte in Biberland war weitestgehend eingebracht. Alle, die wussten wie und die dazu Zeit hatten oder dazu eingeteilt worden waren, beschäftigten sich mit dem Einlagern, Einwecken, haltbar machen und für die kalte Jahreszeit in den Vorrat zu schaffen. Der Winter war in Biberland aufgrund der günstigen Lage inmitten der schützenden Berge, der wärmenden fallenden Winde, der geographischen Breitenlage und einigem mehr recht mild, so dass hier auch nicht so frostsichere, eher wärmeliebende, aber zusätzlich eben auch dem gemäßigten Klima zugeneigte, Pflanzen gedeihen konnten. Aber es war immer noch die Jahreszeit der größeren Kälte und des Nicht-Gedeihens von Nahrungspflanzen. Es gab demnach viele Früchte, Nüsse, Blätter, Knollen, Wurzeln und anderes, die bewahrt oder verarbeitet werden sollten. Die Expeditionsteilnehmer/innen wurden mit großer Freude und Neugier empfangen.
Zunächst kümmerten sich die Heiler, angeführt von Winyan Wakan, der großen Heilerin, um alle, um den Gesundheitszustand zu überprüfen und diverse Blessuren medizinisch zu behandeln. Leckere Getränke und abwechslungsreiche Nahrungsmittel und Speisen weckten auch die letzten schlafenden Lebensgeister. Schafgarbenfee Luibhea und andere, für die gesunde und heilkräftige Ernährung der Biberländer Verantwortliche erkundigten sich nach den Ernährungsgewohnheiten der Quellnymphen. Sie brachten auch schon entsprechende Saaten und Anzuchten auf den Weg.
Dann setzen sich Lotor, Crinaemama, Weißer Berg und die Clanhäuptlinge zusammen. Sie berieten über das weitere Vorgehen. Wo sollten die Quellnymphen, die Hunde und die Mulis eine neue Heimat, Geborgenheit und Förderung in einem Clan erhalten? Die Hunde gingen nach den Beratungen und eigenen Überlegungen und Absprachen zu den Verwandten im Wolfsclan. Die Mulis wurden von den Eseln sozusagen als Halbgeschwister im Biberclan aufgenommen (Mulis = Maultiere: sind sehr starke, relativ unempfindliche und ausdauernde Hybride aus Pferdestute und Eselhengst). Bei den Quellnymphen war es schon etwas schwieriger. Sie hätten dorthin gehen können, wo auch die Frösche, die Ranons oder die Elben waren, sogar im Wasser-Clan der Lachse stand ihnen die Tür offen.

Letztendlich waren sich aber alle einig und Crinaemama stimmte dem von ganzem Herzen zu, dass sie wohl am besten zum Otter-Clan passen würden. Hier waren auch der Wasser- und Mondbezug, das Weibliche und Türkise, sowie Blau und Grün vorhanden …

Die zuständigen Clanchefs führten dann ihre neuen Clanmitglieder zu den eigenen Clans. Dort durften sie im Laufe der nächsten Wochen und in aller Ruhe, ohne Hektik, etwas heimisch werden. Sie lernten alle anderen Mitglieder, Völker und Gruppen des Clans kennen, lernten etwas über die Unterschiede, Gemeinsamkeiten und die Grundausrichtungen und damit das Clan-Motto. Die Quellnymphen eigneten sich so das gemeinsame Otter-Clan-Motto an: Schutz und Erhalt von auch wässrigen Biotopen durch unter anderem weibliche Harmonie und verletzliche Sanftheit („servate rerum naturam aquae – per harmonia femineam et benignitas"). Innerhalb dieses Mottos brachten die Quellnymphen verstärkend das weibliche Element mit spirituellen und fruchtbaren, mütterlichen Aspekten ein. Sie wirkten in Zukunft heilsam und waren dabei sehr empfindsam und einfühlsam, wurden sie doch auf ganz besondere, existentielle Weise vom Schicksal ihres Wohngewässers tangiert.

Kurz und gut, es waren die Wintersonnenwende und das nachfolgende lichtvolle, lichtbringende Weihnachten, die den idealen Zeitpunkt für die Aufnahmezeremonien darstellten. Aus langem Dunkel, aus abnehmender Sonnenstärke, aus kürzer werdenden Tagen erhob sich das neue Licht. Es brachte längere Tage und die Geburt des Ewigen in seiner Schöpfung. Und – aus der dunklen Vergangenheit des Blauseele-Tals machten sich die Clan-Neulinge, Quellnymphen, Hunde und Mulis, ins volle Clanlicht auf.
Bei den Quellnymphen und dem Otter-Clan sahen die Riten wie folgt aus. Crinaemama wurde zunächst zur Quellnymphen-Vertreterin ernannt und so auch zur Vertreterin im Clan-Rat. Dann durften sich alle Quellnymphen auf eine große Patchwork-Rehfell-Unterlage setzen. Die Otter-Clan-Ritualmeisterin aus den Reihen der Chinchillas, „Meisterin Chincha", ging zu jedem/r Einzelnen und übergoss sie mit dem gesegneten Wasser aus dem teils süßen, teils salzigen, teils brackigen Heimatgewässer im Otter-Clan-Gebiet. Danach wurden sie von ihr ganz sanft und zärtlich abgetrocknet/abgetupft mit Chinchilla-Flausch. Zuvor schon hatten

der Insulo Rawiri und der Waschbär Procyon kunstvoll Walbarten und Stacheln von Stachelschweinen bearbeitet und sie verziert mit Maori-Tattoo-Elementen und den jeweiligen Namen. Markiert mit Citristall wurden diese dann den Neuen umgehängt. Jetzt gehörten sie zum Clan und durften die ganz persönlichen Glückwünsche der Otter-Clan-Mitglieder entgegennehmen.

Auch für die drei Adepten, die ja gemeinsam schon die Nacht der Bestimmung durchlebt hatten, gab es Neuigkeiten. Ihre Weihnachtsbotschaft und –Überraschung war, dass im kommenden Frühling ihre Familien gemeinsam den weiten Weg nach Biberland unternehmen würden und so zumindest einen längeren Besuch ankündigten. Da sich mittlerweile schon etwas Heimweh eingeschlichen hatte, war dies natürlich wie eine Erlösung und übergroße Freude.

6. Erster Tag

In der Zwischenzeit wurden die langen Winterabende genutzt, um zusammen zu sitzen, dazuzulernen, einfach auch um Gemeinschaft zu pflegen und daher Gemütliches und Heimeliges mit Nützlichem und Lehrreichem zu verbinden. So kam es auch, dass alle Jungen und Neuen (und wer es sonst noch wollte) in diesen Wochen und Monaten mehr darüber hörten, wie die Welt entstanden war, besser gesagt nicht einfach so zufällig ins Weltall geworfen wurde, sondern erschaffen worden war. Immer wieder setzte man sich im riesigen Erzähl-Tipi zusammen, bei Lagerfeuer und unter und auf gemütlichen Decken. Wer eine größere (tagelange) Anreise hatte, durfte in der Nacht danach in einem kleineren Übernachtungs-Tipi gleich nebenan übernachten. Ins Feuer (an den Rand auf die Kohle) im Erzähl-Tipi wurden immer wieder auch Kräuter und anderes geworfen, was eine wunderbare Stimmung erzeugte und kokelnd, qualmend interessante Gerüche von sich gab. Manche Gerüche beruhigten, andere weiteten den Verstand-Geist und führten die Sinne in eine innere Ruhe und Konzentration. So manch eine/r fühlte sich auch mitgenommen hinein in eine kleine Traumreise. Dazu gab es unterschiedliche Kräutertees, wer wollte auch gesüßt mit Biberländer Honig. So war der erste Teil der Abende eher ein gemütliches und geselliges Beisammensein und Einstimmen. Ein Treffen, bei dem man sich sah, austauschte und vergewisserte, ob es noch allen gut ging. Hinten in der Mitte des Kreises, gegenüber dem Tipi-Eingang saß dann ein oder eine Erzähler/in. Besonders beliebt war der Schildkrötenälteste Chelonias. Er hatte stets den Afro Mpiga Ngoma dabei. Er „vertonte" das Erzählte synchron. Die X-Brain Aglaia erläuterte danach alles Vorgelesene und Erzählte und beantwortete Fragen.

Es begann also am ersten solchen Abend mit kleinen Vorstellungen und Begrüßungen der jetzt auch erstmals Teilnehmenden. Man nahm Erdbeertee zu sich (vor allem Heimische Walderdbeere) - als Gemisch aus getrockneten Blättern und getrockneten und stark zerkleinerten Früchten. Gerade im Winter war dies besonders gesund, weil Erdbeeren bei jahreszeitlich bedingten, weniger Bewegungsmöglichkeiten verdauungsfördernd war und dazu viele Spurenelemente lieferte, die im Winter eher knapp waren. Es fehlte ja die frische Nahrung. Gut, dass die Erdbeere folgendes beinhaltete: Kalium, Calcium, Magnesium, Eisen, Phosphor, besonders viel Vitamin C (Ascorbinsäure), Vitamin B1 und B2 und andere, sowie viele Ballaststoffe. Getrocknete und eingelegte Erdbeeren (auch von der Gartenerdbeere) dienten zum nebenbei Knabbern.
Geräuchert wurde an diesem Tag vor allem mit gut getrocknetem Kiefernharz und zerkleinerten Kiefernzapfen (unter anderem von der Wald-Kiefer). Zusätzlich wurde etwas eingetropftes Kiefern-Öl in einer mit Wasser gefüllten Schale verdampft. Es roch schon sehr bald intensiv balsamisch-warm und mit harzig-waldiger Note. Ein leichter, zitrusartiger Unterton war herauszuriechen. Dieser Duft wirkte auf alle entspannend und zugleich aufbauend. Es wirkte auf die Gemeinschaft neben anderem harmonisierend, Gedanken klärend und allgemein stärkend. Schon seit Urzeiten wurde wie heute Kiefer in religiösem Zusammenhängen geräuchert und passte daher sehr gut zum Start des heutigen ersten Teils der Schöpfungsgeschichte.

Das Vorlesen begann mit folgendem Abschnitt im „Kleinen-Goldenen-Geheimnis". Es war dort der Beginn aller Worte. Chelonias, auch an

diesem Tag und in diesem Jahr der Vorleser der „Schöpfungsgeschichte", blätterte das Buch ehrfürchtig und vorsichtig auf. Mpiga Ngoma begann im völlig Dunklen mit einem Schwirrholz (= Bullroarer) die Urharmonie darzustellen. Seine junge Gehilfin „Mwanamke wa filimbi" ließ dazu ein paar kleine Melodien auf einer Tin Whistle erklingen. Dann ließ der Afro einen Gong ertönen: den Urknall. Danach begleitete er untermalend und leise mit seinem Obertongesang die Worte des Erzählers. Es begann jetzt Chelonias mit sonorer, angenehmer Stimme und ein kleines Lichtlein in der Hand haltend, um besser lesen/sehen zu können (nach einzelnen Versen machte er immer wieder eine kurze Pause): „Es steht so geschrieben zu Beginn des Kleinen-Goldenen-Geheimnisses:
Im Anfang schuf der ewig seiende Gott (Elohim) die Himmel und die Erde.
Sie war ein wüstes Durcheinander und eine nichtige Leere („Tohu-wabohu"). [Mwanamke wa filimbi ließ dazu und um das Chaos zu verdeutlichen, eine Donnertrommel = Spring Drum ertönen.] *Und Finsternis war über der Urflut. Und der Geist des ewig seienden Gottes schwebte brütend über den Wassern.*
Und es sprach der ewige seiende Gott: es werde Licht. Und es wurde Licht. [Die Afrofrau kratzte, knisterte und schrabbte dazu mit Folie und über einen Metallbumerang – das gleißende Licht, das knisternde Feuer war dabei deutlich herauszuhören.]
Und es sah der ewig seiende Gott, dass wahrlich das Licht vortrefflich gut war. Und es unterschied der ewig seiende Gott zwischen Licht und Finsternis.
Und es nannte der ewig seiende Gott das Licht Tag. Und die Finsternis nannte er Nacht. Und es wurde Abend und es wurde Morgen. Tag eins." [Mpiga Ngoma setzte das Ende mit einem sanften Schlag auf eine Klangschale.]

Danach entzündete Aglaia eine von sieben Kerzen auf einem Leuchter. Sie sprach: „Am ersten Tag erschuf der Ewige also den oder die Himmel und die Erde oder besser gesagt das ganze All, den Kosmos mit allen Galaxien, Sternen, Planeten, Monden und den anderen Himmelskörpern. Dabei kann man auch, anstatt von Tag eins, vom ersten Zeitalter sprechen, denn Tag, Tage, Tag für Tag und damit auch Zeitalter und Ära können im Hebräischen, der ersten Sprache des Kleinen-Goldenen-Geheimnisses, in der diese Worte ursprünglich

geschrieben sind, gleichbedeutend gesetzt werden. Der Tag misst beim Ewigen also nicht nur 24 Stunden, wie man in der Außenwelt sagt. Bei uns würden wir von 8 Horen sprechen. Tausend Jahre und mehr sind wie ein Tag für den Ewigen. Im Laufe der Erdgeschichte war die Stundenanzahl 24 auch nicht unveränderlich. Ehemals war zum Beispiel der Tag nur 22 Stunden lang und vor 500 Millionen Jahren hatte ein Erdenjahr fast 400 Tage.
Urharmonie – Urknall – Urchaos – Urlicht.
Urharmonie: alles ist Klang, Schwingung, Energie. So ist es noch heute für die Aboris: alles ist Klang und Schwingung. Und nach Albert Einstein gehören Schwingung, Bewegung, Masse und Energie zusammen. So war es vor dem ersten erschaffenden Wort des Ewig-Seienden.
Urknall: Gott, der Ewig-Seiende, ist schon dreieinig, dreifaltig einig/eins verbunden. Ihm sind wir und unsere Namen schon damals bekannt. Wenn er spricht („Im Anfang war das Wort", „Und es sprach …"), ist es wie ein überraschender, plötzlicher Knall in der vorzeitlich endlosen Stille. Seine Stimme rollte und erschuf alles. Das Wort, der Name für ihn, Elohim, weist als Plural-Wort darauf hin, dass er in sich nicht alleine oder einsam war. Er war, ist und wird immer sein: Vater/Elter und Sohn und Geist/in. Wir sprechen besser von Gott Elter, anstatt Gott Vater, da er in der Geschichte und im Kleinen-Goldenen-Geheimnis oft beschrieben und erfahren wird in seinen Taten und seinem Wesen, mal als weiblich und auch als männlich. Der Ewige ist nicht auf ein biologisches Geschlecht festzulegen. Das sehen wir auch in den anderen beiden Gesichtern, die er uns zeigt. Sein Sohn ist eindeutig männlich, der Geist eigentlich ein weibliches hebräisches Wort – also Geistin. In Gott gibt es also keinen Vorrang für ein Geschlecht. Dieses Besondere Gottes in seinen 3 Personen und der Grund seiner Schöpfung wird noch mehr deutlich, wenn man den ersten Satz, das erste Wort nochmals anders übersetzt, weil die einzelnen Buchstaben des hebräischen Wortes „B'reshit" das auch aussagen." Chelonias las nochmals vor: "*Der ewig seiende Gott (Elohim) möchte ein Haus bauen für den ausgewählten, auf Reinheit geprüften Erstling. Denn er hatte eine Sehnsucht danach, einen Bund mit ihnen zu schließen. Dieser Bund wird am Anfang gemacht."*
Aglaia fuhr fort*: „*Der/die Erstlinge/e sind zweierlei: einmal Jesus Christus, der Sohn des Ewigen, also er selber als Teil von ihm selbst,

als Erstling der Entschlafenen, der von den Toten Auferstandene, was wir an Ostern feiern werden. Andererseits sind damit alle Gläubigen an diesen Jesus gemeint, damit alle gleichsam Erstlinge seiner Geschöpfe seien.
Vor dem Urwort und Urknall war nichts. Das heißt, nichts, was die Physik an Materie beschreiben könnte. Nur der Ewig-Seiende war da und – nur er konnte die energetische Zusammenballung und Entladung anregen, die Schöpfung beginnen.
Aus dieser ersten, jungen Phase haben wir keine geologischen Zeugnisse. Es war einfach chaotisch. Hier entstand der Erdmantel. Die junge Sonne war damals noch schwach und viel kühler. Der Mond entstand aus dem letzten auf die Erde eingeschlagenen Protoplaneten. Licht (Urlicht) war da, diffus, hell, aber nicht leuchtend und nicht als einzelne Leuchten, Punkte, Sonnen oder Gestirne zu erkennen.“

Ein Teilnehmer der Runde fragte nach: „Das verstehe ich nicht. Gibt es nun einen einzigen Ewigen, oder sind es drei oder mehrere Götter – eben Elohim?“ „Eine gute Frage! Es gibt da einen Weisen aus der Vergangenheit Irlands, den Patrick, “ antwortete Aglaia. „dieser heilige Weise und Ritualmeister hat es so erklärt: schaut einmal ein Kleeblatt an. Was ist das Kleeblatt? Ebenso, füge ich hinzu, ist es beim Kastanienblatt und anderen. Was ist es also?“ „Wir nennen es das dreiblättrige Kleeblatt, weil es drei Blätter hat.“ „Genau, das ist der springende Punkt. Ein Blatt hat drei Blätter? Fast. Das Blatt hat drei Fiedern. Also das Blatt ist dreigeteilt beim Klee. Also ein Blatt und drei Fiedern. Man müsste es eigentlich dreifiedriges Kleeblatt nennen. Stell Dir vor, jedes dieser Fiedern hätte Augen. Wenn die sich jetzt einander anschauen, dann sehen sie sich gegenseitig, so als ob sie getrennte Lebewesen wären. Unten aber sind sie miteinander verbunden, aus einem Ursprung herausgewachsen. Wenn wir die Augen sehen würden, würden wir meinen, es wären 3 Gesichter von drei Blättern. So ist es auch mit dem Ewigen. Er ist sozusagen „dreifiedrig“, wir sagen dreifaltig. Es gibt da eine Gemeinschaft in einem Blatt, besser einem Wesen, dem Ewigen. Wir sehen sie/ihn aber als drei Personen oder Gesichter. So zeigte er sich auch im Laufe der Geschichte oder jeder Person und jedem Individuum anders. Auch deshalb können wir uns kein Bild vom Ewigen machen, denn es wäre immer falsch, einseitig und für jede/n anders. Eine gute Übung wäre, einmal Blätter von unterschiedlichsten Pflanzen zu sammeln, die so geteilt sind - oder fast auf dem Weg dorthin, zum Beispiel auch ein Ahornblatt. Man könnte auch ein Bild malen, auf dem ein Kleeblatt den Dreieinen darstellt und die einzelnen Fiedern mit den drei Personen und Gesichtern ausmalen … Okay?“

„Noch eine andere Frage, bitte“, ließ sich die schon vorher vernommene Stimme, eine weibliche Teilnehmerin vernehmen. „Aber gerne.“ „Und wie ist das mit dem Geist und der Geistin?“ Aglaia schmunzelte, denn diese Frage hatte sie schon erwartet. „Ihr kennt doch sicher alle aus der Bibliothek in Eireskirk das Buch „Die Hütte, ein Wochenende mit Gott“. Das ist nicht einfach und man kann nicht alles verstehen oder einige sehen einiges anders. Aber, was mir gut gefällt, ist die Darstellung des Dreifaltigen in seinen drei Personen. In dem Film, der dann gedreht wurde, kommt es besonders gut heraus. Da ist Gott Elter eine dunkelhäutige Mutter, eine Afrofrau, und in einer anderen Szene ein weiser Indi; der Sohn ist ein sonnengebräunter Schreiner aus Palästina und die Geistin eine asiatische, zarte, junge Frau. Sie kommt daher wie der Wind und weht unsere Gedanken und Bedenken durcheinander und regt neue Ideen an und bringt Inspirationen. So könnte ich mir die Geistin vorstellen. Ruach ist im Hebräischen der Hauch, Wind, Atem, Geist usw. – mit weiblichem Artikel. Deshalb habe ich gerne den Segensspruch „Im Namen des Elters, des Sohnes und der Geistin.“ Aber tatsächlich ist es nicht wichtig, ob und welche Seite des Ewig-Seienden weiblich ist oder männlich. Wichtiger ist, dass er uns alle geschaffen hat, sieht und begleitet. Wir sind alle gleich viel wert und voller Geschöpfes-Würde. Er will, dass wir mit ihm einmal, egal ob mit vielen oder wenigen weiblichen Anteilen, in der Ewigkeit sind.“ Die weibliche Fragestellerin, eine junge, mandeläugige Asia, strahlte über das ganze Gesicht.

Aglaia ergänzte noch: „Wissenschaftlich könnte man eventuell und näherungsweise diese Zeit des ersten Tages, des ersten Schöpfungszeitalters, gleichsetzen mit der ersten Hälfte des ersten Äons der Erdgeschichte: dann wäre es die Ära Chaotikum (begann vor ca. 4600 Millionen Jahren vor heute), die ein Teil des Äons Hadaikum ist.
Aber jetzt ist es nicht mehr Tag, auch nicht mehr Abend, es wird schon tiefe Nacht. Erholt Euch gut und kommt bald wieder – zum zweiten

Tag der Schöpfungsgeschichte." Als alle langsam aufstanden und einer nach der anderen gingen, ließen die beiden Afrovetreter/innen noch etwas Obertongesang und Flöte ertönen. Dies führte sachte über in einen gesunden und tiefen Schlaf.

7. Zweiter Tag

Mit einem weiteren Abend im großen Tipi wurde die

Schöpfungserzählung fortgesetzt. Der Winter hatte inzwischen an Stärke zugenommen und alle, die kommen wollten, mussten durch tiefen Schnee stapfen. Es war einem manchmal sogar so, als müsste man suchen, wo die Erde aufhört und der Himmel beginnt – unten feuchter Schnee, darüber nasse, dichte Schneeflocken. Des Öfteren konnte man kaum die Hand vor Augen sehen. Einige hatten zusätzlich eine Erkältung oder zumindest einen Anflug eines Infekts. Es war trotzdem wieder schön oder gerade deswegen wichtig, zusammenzukommen.

Um Erkältungen entgegenzuwirken, hatte man dieses Mal einen anderen Tee bereitet. Er war aus getrockneten Holunderblüten gebrüht (von Schwarzem Holunder). Für die einen war es ein Tee zur Prävention, für die anderen zur Bekämpfung der Symptome. Holunderblütentee wirkte schweißtreibend und fiebersenkend, darüber hinaus war er auch Schleimbildung fördernd bei Husten, zudem Immunsystem und Psyche stärkend auch gegen Depressives und Ängstliches. Für die anderen, die es kühler und frischer wollten, stand leckerer Holunderblütensaft bereit, für die Älteren gab es sogar leicht Alkoholisches aus Holunderbeeren. In den Beeren gab es einen erhöhten Anteil an Vitamin A (β-Carotin), B3 (Niacin und Niacinäquivalent), B6 (Pyridoxin) und auch C (Ascorbinsäure).

Das Räuchermittel der Wahl war die Fichte (auch Waldweihrauch, Burgundisches Pechharz oder kurz Burgunder Harz genannt) in Form von Nadeln, fein geraspeltem Holz und gut durchgetrocknetem Harz. Es war gar nicht so schwer, es in den Wäldern Biberlands zu finden. Man musste nur genau hinschauen, ob ein Baum verletzt war und blutete. Das feuchte Harz musste dann vorsichtig und schonend abgesammelt und über lange Monate getrocknet werden. Es duftete im ganzen Tipi schon angenehm nach Nadelwald und Lagerfeuer. Zwischendurch gab es auch immer wieder Geruchsschübe an Kräftig-Waldigem und Desinfizierend-Erdigem. Die Fichtenräucherung wirkte kräftigend aufbauend, belebend euphorisierend, sowie reinigend. So nahm man zwar große Rücksicht und passte auf, dass Krankheitskeime nicht wild durch die Gegend auf andere hinüberflogen, aber die Räucherung verstärkte noch eine krankheitshemmende Atmosphäre. Im Übrigen war das Lüftungssystem im Tipi durch seine Bauweise mit einer Außenhaut, die unten etwas Luft durchließ und einem Innen-Lining, das direkt am Boden auflag, so ausgelegt, dass es einerseits die Wärme im Tipi hielt, aber andererseits ein steter leichter Luftzug von unten nach oben (durch die Luke hindurch, gesteuert durch Rauchklappen) alles mitnahm, was störte – von Rauch bis Keimen. Wenn man nicht sehr viel Geld ausgeben oder entsprechend hart verhandeln wollte mit gewieften Händlern, dann war Fichte eine durchaus wohltuende und beliebte, kostengünstige Alternative, die in Biberland sogar dem klassischen orientalischen Weihrauch vorgezogen wurde.

So also eingestimmt warteten alle gespannt auf die Fortsetzung der Schöpfungsgeschichte.
Mpiga Ngoma ließ die Klangschale erklingen. Dann ließ er gut hörbar und langsam Wassertropfen in ein Gefäß fallen – zu Beginn und während der ganzen Vorlesung.
Erneut begann Chelonias, der Schildkröten-Älteste und Vorleser, in dem er das Buch ehrfürchtig und vorsichtig aufblätterte. „Die Erzählung im Kleinen-Goldenen-Geheimnis geht so weiter:
Und es sprach der ewig seiende Gott: es möge werden ein Himmelsgewölbe inmitten des Wassers. Und es entstand trennend zwischen Wasser zu Wasser. [In diesem Augenblick ließ Mwanamke-wa-filimbi eine dicke Metallfahne wedelnd erklingen. So wurde allen das Wasser scheidende Himmelsgewölbe mit metallischem Klang vergegenwärtigt.]
Und es schuf der ewig seiende Gott das Himmelsgewölbe zur Unterscheidung des Wassers welches ist unten und zwischen Wasser welches ist oberhalb des Himmelsgewölbes. Und es war richtig beschaffen. [Die Afrofrau Mwanamke spielte eine Melodie auf der

Gopichand. Unter deren Klängen konnte man unter wässrigen Tropfen und Schlieren schon die sichtbar werdende Erde erahnen.]
Und es nannte der ewig seiende Gott das Himmelsgewölbe Himmel. Und es wurde Abend und es wurde Morgen. Tag zwei."
Am Ende ließ der Afro Mpiga Ngoma zwei Mal die Klangschale erklingen.

Aglaia begann: „Nicht nur in unserem Kleinen-Goldenen-Geheimnis steht es so geschrieben, sondern ganz ähnlich wird auf dies alles auch im Heiligen Buch „Heilige Rezitation" der Insan Doğulu aus dem Hirschclan hingewiesen. Heute sind zwei Vertreter dieser Insan aus dem Hirschclan bei uns, um uns die entsprechenden Suren vorzulesen. Herzlich willkommen Ihr Beiden. Insan Doğulu „Farid" würdest du bitte beginnen die entsprechenden Verse der 25. Sure zu rezitieren?"
Farid ließ sich mit gehobener Stimme vernehmen: *„Er (Allah) ist es, der die Winde sendet als Verkünder seiner Barmherzigkeit und damit reines Wasser vom Himmel herabschickt ... Er ist es, welcher die beiden Meere auseinanderhält, von welchem das eine frisch und süß, das andere gesalzen und bitter ist. Zwischen beiden machte er eine Kluft zur Scheidung."*
Die Insan Doğula „Yasmin" rezitierte danach aus der 56. Sure: *„Was denkt Ihr wohl? Das Wasser, das ihr trinkt, habt Ihr es oder haben wir es aus den Wolken herabgeschickt? Wenn wir wollten so könnten wir es salzig machen; und Ihr solltet nicht dankbar sein? ... Darum preise den Namen des Herrn ..."*

Aglaia entzündete die erste und zweite Kerze auf dem 7-armigen Leuchter. „Erdgeschichtlich könnte man hier vielleicht das Äon Hadaikum mit der Ära Zirconium (von ca. 4400 bis 4030 Millionen Jahren vor heute) und das Äon Archaikum (bis ca. 2500 Millionen Jahre vor heute) zuordnen. Es ist eine zunächst lebensfeindliche Welt. Manche Völker beschrieben diesen Beginn mit dem Erscheinen eines Weltenbaums oder der Erde, die auf einem Schildkrötenrücken schwimmend getragen wird. Die Uratmosphäre ist noch sehr dampfig und undurchsichtig. Vielleicht könnte man es vergleichen mit einem Schneesturm, in dem man auch kaum unterscheiden kann zwischen oben und unten, und dem Schnee, der einem entgegenkommt und dem Schnee, der sich schon abgesetzt hat. Es gibt auch auf der Erde im Laufe des nachfolgenden Zeitalters (dritter Tag) globale Vereisungen

(Snowball Earth). Ganz unten im Wasser regte sich schon das allererste Leben – vielleicht regte es sich zum Beispiel an Orten, die wir heute Schwarzen Raucher (hydrothermale Quellen der Tiefsee) nennen. Hier kommt zusammen die Hitze aus dem Erdinneren, lebensnotwendige Minerale und anderes und eben Lebewesen, die das in der totalen Dunkelheit nutzen können. Wenn man sich auf der Erdoberfläche befunden hätte, hätte man vermutlich ein Gefühl gehabt, wie wenn man auf der Oberfläche der Venus stehen würde. Mit seinen Augen konnte man die sehr dichte Atmosphäre nicht durchdringen. Aber der Ewige wollte für das Leben geeignete Verhältnisse schaffen, so ließ er die Atmosphäre sich in mehreren Schichten ausfalten, es entstand sozusagen eine Scheidung von Himmel und Erde. Auch das Ozon als Schicht und UV-Filter war im Laufe der Zeit äußerst wichtig. Kontinentalschollen im Zuge der Kontinentalverschiebung wurden auch schon über die Erdoberfläche bewegt. Dies führte dann einige Zeit später dazu, dass aus dem Old-Red-Kontinent Laurussia und dem Großen-Südkontinent Gondwana der einzige Superkontinent Pangaea entstand.
Uratmosphäre – Urall – Urerde – Urmeer
Was meint Ihr, ist das so gut zu verstehen und einleuchtend?"
„Nicht ganz", antwortete ein Sentiero-Mädchen, das Sneschana („Schneeflocke, Schneewittchen") hieß. Ihre Haare waren pechschwarz, ihre Haut schneeweiß und ihre Lippen leuchteten kirschrot. „Wer hat das alles gesehen oder erfahren? Irgendwie scheint mir das wie frei erfunden oder phantasiert. Hat das der Ewige wirklich so gemacht?" Während ihrer Frage röteten sich auch ihre Wangen ganz leicht. Einige in der Runde schauten ganz erschrocken, andere bewundernd, weil Sneschana so viel Mut hatte und so kritisch nachfragte.
Aglaia aber blieb die Ruhe selbst: „Ja, es ist wichtig, nachzufragen und auch den Verstand einzusetzen. Wir wissen das nicht so genau. Aber es gibt naturwissenschaftliche Erkenntnisse, die das auch ganz ähnlich so darstellen - es läuft Hand in Hand. Und wir können uns auch gut vorstellen, dass die Verfasser des Kleinen-Goldenen-Geheimnisses Hörende und Verstehende waren, die genau in die Schöpfung hineinhörten und versuchten den Ewigen zu verstehen. Was sie dann dort wahrnahmen und sahen, hörten und zu deuten versuchten, was der Ewige ihnen (auch durch die Natur und die

Erdgeschichte) erzählte, das schrieben sie auf. Wir können uns ebenfalls gut vorstellen, dass sie das von einer ganz bestimmten Position aus taten. Sie schwebten nicht über der Erde, wie in einem Raumschiff, sondern sie beschrieben alles so, als wären sie zu jeder angeführten Zeit mitten auf der Erdoberfläche gestanden. Vielleicht sahen sie es ja auch tatsächlich in ihren Visionen und Träumen genau so. So nahmen sie wahr die donnernden und rollenden Schöpfungsworte des Ewigen, das Schweben der Geistin und das Wort, das in jede Ritze drang. Übrigens dieses Wort wird in einem hinteren Teil des Kleinen-Goldenen-Geheimnisses so angekündigt und erläutert. Chelonias würdest Du uns bitte den Beginn dieser Frohen Botschaft vorlesen, wie sie von Johannes, dem geliebten Weisen, für uns aufgeschrieben wurde.“
Chelonias tat dies gerne. Er blätterte nach hinten in den zweiten Teil des Buches, oder besser gesagt der Buchsammlung.
„Im Anfang war der Logos (das Wort), und der Logos war bei Gott, und der Logos war Gott. Dieser war im Anfang bei Gott.
Alles wurde durch ihn, und ohne ihn wurde auch nicht eines, was geworden ist.“
„Also“ ergänzte Aglaia, „der Logos, das Wort, die Rede, die Äußerung ist der eine Teil vom Ewigen: der Sohn, der Fleisch/Mensch geworden ist – genauer noch und ausführlicher werden wir es dann am achten Tipi-Erzählabend hören. Da die Schreiber dieses Teils des Kleinen-Goldenen-Geheimnisses also wie mitten auf der Erde sich befanden, waren sie auch wie mitten in einem feuchten Schneesturm, so wie vor ein paar Tagen hier bei uns. Als die Atmosphäre sich langsam lichtete und heller wurde, nahmen sie zwar Licht wahr, aber nicht, woher es kam. Ihre Augen konnten das alles noch nicht durchdringen. Erst am vierten Tag, dem vierten Schöpfungszeitalter, sahen sie die Gestirne. Es war dann so, als ob sie gerade erschaffen worden wären. Das Wort aber, war ihr Licht, ihre Erleuchtung, und sie konnten sich an ihm orientieren. Es wird in einem anderen Teil des Buches so beschrieben. Chelonias?“
Chelonias nickte und las:
„Ich bin das Licht der Welt. Der mir Folgende, geht gewiss nicht umher in der Finsternis, sondern er wird haben das Licht des Lebens.“
„Wir haben also nun das Urall und die Urerde mit dem Urlicht und

schon dort gibt es ein erstes Urvertrauen in die Begleitung des Sohnes, der uns aus der Finsternis herausführt. Wir haben dies übrigens auch vor kurzem an Weihnachten so gefeiert.
Urall – Urerde - Urvertrauen."
Sneschana hakte nach: „Haben die Weisen und Wissenschaftler tatsächlich das auch so gesehen?"
„Naja," Aglaia hob die Arme, „diejenigen, die genau nachschauen, nicht die Augen und Herzen verschließen und mutig auch mal über ihre eigenen Grenzen hinwegsehen und ehrlich mehr wissen wollen ... es gibt einige Weise, die sagen, wenn ich immer weiter aus dem Becher der Wissenschaften trinke, erkenne ich am Grund den wahren und letzten Urgrund. Und sie meinen damit den Ewigen. Theologen und Naturwissenschaftler haben nicht auf alles eine Antwort und werden es auch nie haben, aber unser Glauben ergänzt dies wunderbar, zusammen werden sie/wir der ganzen Wahrheit ein ganzes Stück näherkommen. Und zusammen gibt es eine tolle Geschichte, die wir auch leben können."

Aglaia machte eine kleine Atempause, Zeit zum Nachdenken und sacken lassen. Dann war sie wieder zu hören: „Lasst uns den Ewigen loben in Versen, die wir oft erinnern in der Zeit vor dem Weihnachtsfest:
O Oriens/Morgenstern, Glanz des unversehrten Lichtes, der Gerechtigkeit strahlende Sonne:
o komm und erleuchte, die da sitzen in Finsternis und im Schatten des Todes!
So sei es!"
Alle schlossen sich bestätigend mit einem mehrfach gesungen „Amen" an.
Irgendwer in der Runde (einer mit einer unheimlich volltönenden, leicht reibenden und mitreißenden Stimme) stimmte dann noch ein Hallelujah an, das sich melodisch anlehnte an den sogenannten „Banana Boat Song". Aber anstatt des rhythmisch gesungen „Day O" sangen alle „Ha-le – ha-a-ale-e – halleluja – halleluja …"

Tief beeindruckt und voller Schwung und innerer Bewegung, angefüllt mit heiligem Schauer und wohliger Freude ging man an diesem Abend auseinander. Man trat durch die Öffnung in die dunkle Winternacht und hatte doch Licht und wärmende Hoffnung dabei.

Einige Tage später war das stürmische, kalte Winterwetter für einige Tage vorbei. Ein kleiner Wärmeeinbruch machte die Tage angenehmer und führte sogar zu leichten Abtauungen auf Wegen, an Felsen und Gebäuden.
So entschloss man sich, einen kleinen Ausflug zu veranstalten, eine Exkursion, um das Wasser des zweiten Schöpfungstages noch einmal haptisch, ganzkörperlich, sinnlich und auch symbolisch wahrzunehmen. Dazu begab man sich zum Wasserclan der Otter (den Lachsclan wollt man bei anderer Gelegenheit besuchen). Alle die wollten, schlossen sich diesem Zug an. Es waren dabei diejenigen, die vor Tagen im Tipi gesessen hatten, allen voran die 4 Adepten, aber auch so mancher und manche andere, die diese Gelegenheit gerne wahrnahmen, um das Wintereinerlei etwas aufzulockern. Der Otterclan hatte gerade und passenderweise in dieser Jahreszeit etwas zu bieten, was hier gefeiert wurde.
Auf dem Weg dahin kamen sie auch durch das Gebiet des Biberclans – auch ein Wasserclan (insgesamt gab es also drei Wasserclans: Otter-, Biber- und Lachsclan). Schon von weitem war die Burg zu sehen, die die Ritter auf diesem Gebiet gebaut hatten. Sie schmiegte sich eng an eine mächtige Biberburg. So waren also beide miteinander verwoben, zu einem Gebäude(-Komplex) zusammengebaut: ein Wasserschloss und eine Biberburg. Sie stand(en) in einem größeren See, dem Bibersee. Die Burg war im Norden also eine Ritter-Wasserburg. Hell leuchtete ihr weißlicher Stein, aus dem sie aufgebaut war – deshalb auch der Name „Alba“ – „Die Weiße“ für diesen Teil. Ihr Herr, der Ritter Adalfuns, führte eine Tafelrunde von Rittern mitsamt ihren Familien und allen Bediensteten. Er hatte im Bauplan vorgegeben, dass 4 große, nach oben offene, im Grundriss quadratische Türme, ausgerichtet auf die 4 Haupt-Windrichtungen, und exakt dazwischen 4 kleinere Türme (mit jeweils einem Spitz-Dach aus abwechselnd Weißdorn- und Schwarzpappel-Holz) mit rundem Grundriss errichtet worden waren. Auf den 4 großen Türmen befanden sich mittig auch jeweils Fahnenstangen aus Wallnussholz, die das Wappen-Banner des Biberclans trugen. Es war eine stolze Burg mit vielen Zinnen, Vorbauten und Erkern. Allerdings war ihre Wehrhaftigkeit eher symbolischer Art, denn wer sollte im friedlichen Biberland jemals die Burg angreifen wollen? Allerdings – es gab auch in Biberland, leider, immer wieder einmal Bewohner, die über die Stränge schlugen oder

die gemeinsame Regeln missachteten. So gab es also weniger Verbrechen (eine friedliche, solidarische und schöpfungsfreundliche Gesellschaft aufzubauen, war zwar das Ziel - jedoch war es kein absolutes, himmlisches Paradies, das erst in Ewigkeit eintreten würde), aber immerhin doch welche, vor denen die Gemeinschaft zumindest zeitweise geschützt werden sollte. Man war sich einig, dass man weder strafen noch jemandem das Leben nehmen dürfe. Dazu hatte nur der Ewige ein Recht. Die Biberländer aber mussten sich anders arrangieren und sich um einander bemühen. So war also das Leben von der Zeugung bis zum natürlichen oder freiwilligen Tod absolut geschützt. Die aus der Gemeinschaft zeitweilig Herausgenommenen wurden in der Ritterburg in Gewahrsam, Aufsicht und Betreuung genommen. Dort verrichteten sie Gemeinschaftsarbeiten. Ihr Leben war dort geregelt, geführt und begleitet. Sie waren aber im engeren Sinne keine Gefangene. Auf die Sicherheit und den Schutz gegenüber den anderen Bewohnern achteten besonders ausgebildete Ritter und Ritterinnen, Riesenkäfer und Riesen-Krebse (einen solchen Arbeitstrupp unter Begleitung konnten die Reisenden schon von weitem erkennen. Er arbeitete an den Außenmauern der Burg). Der Esel Boldewyn, Vertreter des Biberclans im Ältestenrat, hatte die Aufgabe übernommen, die Herausgenommenen zu unterrichten und sie auf den rechten Weg zurückzubringen. Unterstützt wurde er vom Ritualmeister, dem Skarabäus Geotrupidus, der dazu auch immer wieder Übergangsrituale durchführte, um Wiedereintritts-Stufen der Entwicklung und Besserung zu zelebrieren und zu feiern. Für diejenigen, bei denen dies alles nicht (freiwillig) gelang, war eine feste Unterbringung vorgesehen im Inneren der Burg. Auf solche, die auf dies alles verzichten und auf eigenen Wunsch Biberland lieber den Rücken kehren wollten, wurde eine besondere Methode der Hypnose angewandt. In ihnen wurde implementiert, dass Sie sich nie wieder an irgendein Detail aus Biberland erinnern würden, also ihr Leben hier total vergessen würden. Daraufhin hatten sie die Wahl zwischen 2 Möglichkeiten: entweder in Biberland als Neulinge ohne Hintergrundwissen nochmals aufgenommen zu werden (Interessanterweise suchte ein großer Teil von jenen dann intuitiv die Nähe zur Burg. Irgendwie fühlten sie sich hier positiv hingezogen. Oft durften sie als Mitglieder des Ritterhofes dort (jetzt „resozialisiert“)

weiterleben und agieren. So war im Laufe der Zeit ein wirklich buntes Völkchen dort zusammen gekommen.) oder sich von hier zu verabschieden. Im zweiten Fall wurden sie sicher und für immer in die Außenwelt gebracht. Dort erwarteten sie dann schon die Biberländer mit dem entsprechenden Auftrag in der Außenwelt, um sie dort zu inkludieren. Nach Erfolg brachen sie jeden Kontakt ab und es wurde dann niemals wieder etwas von diesen Ex-Bewohnern gehört. Südlich angeschmiegt an die Ritterburg war mindestens ebenso stattlich und herrlich die Biberburg (mit Namen „Südliche Weidenburg“) – verschiedene Weidensorten mit unterschiedlich farbigen Rinden gaben ihr ein harmonisch-buntes gelb-grünlich-braunes Aussehen. Der Biber-Häuptling Bockert hatte Wert darauf gelegt, dass es nicht nur Zugänge zu seinem Burgteil unter Wasser nach außen gab, sondern auch einen direkten unterirdischen Zugang zur Ritterburg. So waren beide wie siamesische Zwillinge geworden. Die Doppelburg stand wie eine Insel mitten im, teilweise zugefrorenen, Bibersee. Selbstverständlich mussten sowohl die Burg, als auch der See und sein Ufer gepflegt werden. Und so konnten die Reisenden sehen, dass am See und den Gebieten rundherum die Weidendryade Sala, der Weißdornent Crataegumonog, die Schwarzpappeldryade Popunigra und die Walnussdryade Juglana sich um die Pflanzenbestände und Bäume kümmerten. Selbst oder gerade jetzt im Winter gab es Einiges zu tun. Sie wurden unterstützt von der Krebskazikin Crustacea mitsamt ihren zahlreichen Krebsen und Krabben. Diese alle kümmerten sich auch um die landwirtschaftlichen Angelegenheiten und die Ernährung. Der andere Teil, die Unterhaltungsarbeit an der Doppelburg und die handwerklichen Dinge erledigten der Ritterhaushalt um Adalfuns und die Biberabteilung unter Bockert (der auch der Vorsteher und Vertreter des Biberclans insgesamt war) zusammen mit der Nutriakazikin Coypua mit den Nutrias und Bisamratten. Transporte, Handelswege und Erdarbeiten bestritten die Käfer, Skarabäen, Ameisen und Esel (mitsamt den Mulis) unter der Ameisenkazikin Formica, dem Eselkaziken Equasinus und dem Käferkaziken Coleopterus. Hier stand das Rad nie still. Überall war emsiges Treiben zu beobachten. Ganz besonders ein Weg, zwischen Burg und in Richtung der randständigen Berge, war rege befahren und begangen. Dort am Berghang stand die mächtige Ameisenhaufenburg, daneben die steinige Käferbehausung. Als die Reisenden vorbeiwollten, wurden sie sofort freundlichst von den Mulis begrüßt. Sie hatten sich inzwischen eingelebt und sich voll in die Gemeinschaft integriert. Sie lebten hier ein glückliches Leben immer auch unter dem Motto des Biberclans „Ohne Fleiß kein Preis, alles für Erde und Gemeinschaft." Dieses Motto des Biberclans fand auch im Wappen seinen Ausdruck. Hoch über der Burg schwebten und wehten im Wind zwei große Flaggen, die als Symbol eine steinerne, weiß leuchtende Biberburg zeigten, auf gelbem Grund. Über der Burg war ein Weidenblätterkranz, ähnlich eines Lorbeerkranzes, zu sehen. Unten im Halbkreis waren geschrieben die Worte („Ohne Fleiß (Einsatz, Schmerz) kein Preis (Gewinn)" auf Latein): „nullum dolorum nullum quaestum". Zwei weitere Flaggen dazwischen zeigten das vereinfachte Symbol: gelbe Flaggen mit einem violetten Kreis in der Mitte. Selbstverständlich konnten die Reisenden nicht einfach so am überaus gastfreundlichen Biberclan vorbeiziehen. Die Mulis sorgten dafür, dass ein trockener, etwas erhöhter Platz vorbereitet wurde und alle eine Erfrischung bekamen - und auch genügend zu essen. In der Zwischenzeit hatten es sich auch Adalfuns (nebst seiner Gemahlin, der überaus lieblichen, wunderschönen und allseits beliebten Edelgard – sie kümmerte sich dann im Folgenden daselbst um die Bewirtung der Gäste und um ihr in jeder Beziehung Wohlergehen) und Bockert mit Gefolge auch nicht nehmen lassen, dazu zu stoßen. Auch die Kaziken/innen und Dyaden und der Ent waren gekommen. Es war ein lustiger und fröhlicher Nachmittag mit Musik von mittelalterlichen Flöten, Lauten, Drehleier, Fidel und Trommeln. Nach diesem Nachmittag war aber nicht mehr an ein Weiterreisen zu denken. Und so wurden alle als Gäste eingeladen, im dafür extra aufgebauten riesigen, mittelalterlichen Versammlungs-Zelt, zu nächtigen.

Erst am nächsten, späten Morgen als die Sonne schon etwas höher stand und nach einem ausgiebigen und vorzüglichen Frühstück, eher Brunch, wurde der Weg fortgesetzt. Der Weg hatte bisher schon abwärts geführt, jetzt ging es noch deutlicher bergab. Als sie dann am nächsten Tag beim Otterclan ankamen, waren die Festvorbereitungen dort schon fast beendet. Auch aus allen Clans waren Vertreter/innen gekommen. Lotor, den sie schon vom Blauseele-Tal her kannten, begrüßte alle aufs freundlichste. Er überprüfte auch gleich, ob alle Kerzen in schützenden Gefäßen dabei hatten. Wenn sie bei jemandem fehlte, wurde sofort dafür gesorgt, dass eine zur Verfügung stand. Ob

der vielen Anreisenden half ihm dabei eine kleine Schar der Insulo. Kerzen? Ja, denn bei dem zu feiernden Fest „Darstellung des Herrn“ oder früher und an anderen Orten auch „Mariä Lichtmess“ genannt, waren diese von größerer Bedeutung und unabdinglich.
Der Otterclan hatte sein Zuhause dort, wo die Randberge über sanfte Hügel in die Ebene übergingen. Insgesamt lag das Gebiet weitaus tiefer als der Rest des umgebenden Biberlandes - kaum noch über Meeresniveau. Hier gab es zum einen frische Gewässer mit Süßwasser aus den Bergquellen. Sie sammelten sich in kleinen Tümpeln und Weihern, die vielfach verbunden waren. Von Süden her aber drang auch ein breiter und tiefer Salzwasserarm unterirdisch in das Gebiet ein. Das Süßwasser floss dorthin ab und vermische sich in einer mittigen Bucht zu Brackwasser. Vom Salzwasser her hatten so Zugang und Kontakt alle Tiere des Otterclans aus den Meeren. Denken wir dabei an die Gefolge des Bartenwalkaziken Mysticet, des Seehundkaziken Phocavit, des Zahnwalkaziken Odontocet und selbstverständlich des namengebenden Teils des Otterclans mit dem Otterhäuptling Lutrinus. Die anderen, wie die Gefolge von Chinchillakazikin Chinchi, Dodokazikin Dronta, Rehkazikin Capreola und dem Waschbärenkaziken Procyon, freuten sich eher am Süßwasser und den Hügeln, baumbestandenen und auch mal durch kleine Wäldchen durchwirkte Grasflächen und Gebüschen des aus Bergeshöhe absteigenden Landes. Auch die Quellnymphen mit Crinaemama hatten sich hervorragend an einem Bach eingelebt. Unter Anleitung der Dryaden von Birke (Betussa), Fichte (Picea). Lärche (Lari) und dem Eschenent Fraxulu wurde schließlich ein Ritual-/Fest-Platz bestückt mit vielen Zweigen von tatsächlich immer noch frischem Grün. Man hatte irgendwie das Grün entweder erhalten oder es wurde extra dafür frisch gezogen, damit das Fest seine typische und symbolische, dekorative und ästhetische Ausprägung erhielt. Wie das allerdings genau vor sich ging, das blieb ein gut gehütetes Geheimnis des Otterclans beziehungsweise dessen Dryaden, vor allem der Birkendryade. Birken sind die Bäume, die das Ende des Winters mit als erste verkünden. Sie symbolisieren unter anderem Jugend, Wachstum und Entstehen. Grün allgemein stand für die jungfräuliche Hoffnung darauf, dass das Leben weiterging und neu aufbrechen konnte. Deshalb waren auch kleine Kinder beim Fest wichtig und die Kerzen, die mit ihrem Licht das neue Licht verbreiteten. Doch bevor

das innerste Kernritual losging, begann das Fest mit reichlich Leckerem aus dem Meer. Von dort war das erste Leben hergekommen und sollte deshalb jetzt auch dadurch ehrend in die Mitte geholt werden. Die jungen Quellnymphen erboten sich, sich ganz besonders um die 4 Adepten zu kümmern. Immer noch war in ihrer Erinnerung das Dankbare vorhanden. Es war für sie wie gestern, dass sie aus dem Hochtal um das Blauseele gerettet worden waren.
Um Mitternacht entzündete die Ritualmeisterin, die Chinchilla-Meisterin Chincha eine überaus große Kerze. Als alles still geworden war, erzählte sie von einem Geschehen vor langer Zeit. Dort begaben sich damals die Eltern des Jesus Christus in den Tempel. Sie trafen dort auf zwei weise Wissende, einen Mann und eine Frau, Simeon und Hanna. Diese beiden taten ihnen kund, wie wichtig ihr Sohn einmal werden würde und welche Bedeutung er hatte für alle Menschen. Hier klang in der Erzählung auch noch viel von Weihnachten nach – und es gab schon den Vorgeschmack auf das Fest dann zu Frühlingsbeginn, das Osterfest.
Im Anschluss daran wurden alle kleineren Kinder nach vorne zur Kerze gebracht. Anhand der Bedeutungen ihrer Namen wurde den Eltern der Säuglinge und Kleinstkinder erzählt, was sich aus diesen Bedeutungen heraus als Lebenslinien und –Motive möglicherweise ableiten ließen. Sie bekamen also eine kleine Prophezeiung mit auf den Weg. Manche Eltern entschieden sich auch, die Babynamen der Kinder gegen Namen einzutauschen, die besser zu den Kleinkindern passten. Manche dieser Namen wurden sogar noch im Erwachsenenalter getragen. Voller Stolz zeigten die Eltern die Kinder allen Anwesenden und jede Deutung wurde lauthals bejubelt.
Einige Insulo und Waschbären gingen dann zur großen Kerze und nahmen mit harzigen Kienspänen von Fichte und Lärche das zuvor gesegnete Feuer und verteilten es in die Runde an alle Mitfeiernden und deren Kerzen. Jetzt war das Rund hell und leuchtend. Auch die Gesichter leuchteten. Dann bildete sich eine Prozession und alle schritten um die Mitte, um die große Kerze herum. Aber nicht einfach so, sondern in ganz bestimmter Schrittfolge: zwei Schritte vor und ein Schritt zurück, zwei Schritte vor und so weiter. Das war bedächtig, meditativ und blieb ganz tief in den Herzen hängen. Aus jedem Clan entwand sich im Laufe der Zeit ein Botschafter der Prozession und ging mit seiner Kerze auf einen langen Lauf. Ohne Unterbrechung

würden sie laufen, viele Kilometer, mitten durch die Winternacht und in den Tag hinein. Sie würden nicht rasten, noch ruhen. Sie würden jedem Clan das Licht bringen, das dann in einem besonderen Gefäß gehütet wurde – je nach Clantradition bis Ostern oder gar noch viele Monate mehr, vielleicht sogar bis zum nächsten Weihnachten.
Als alle den Prozessionsschritt beendet hatten, löste sich das Ganze etwas auf und es gab auch einige, die anfingen zu tanzen. Mit der Zeit standen zusätzlich die ersten auf, traten auf ein erhöhtes Fichtenpodest und gaben Wintergedichte zum Besten. Auch Wintermärchen und Erzählungen von bedeutenden Ereignissen des Winters aus der Biberländer Chronik wurden erinnert. Das alles diente dazu, sich zu vergewissern, dass der Winter nicht das letzte Wort hatte, dass Frost und Dunkel immer weiter verschwinden würden. Frühling würde es einmal auch wieder werden. Für ein paar Clans ging die Hoffnungserzählung noch viel konkreter weiter. Denn sie wollten die alten Bräuche der Fastnacht jetzt im Anschluss auch wieder aufleben lassen. Jedenfalls fand die Nacht dieses Mittwinterfestes kaum ein Ende. Erschöpft lag man so am nächsten Tag bis weit in den Vormittag hinein in den Federn. Erst dann brachen die ersten auf und gingen zurück.
Die Adepten blieben noch einen Tag länger – sie waren von Crinaemama eingeladen worden, ihr neues Zuhause bei der Quelle besser kennen zu lernen. Für die Nymphen waren die Adepten fast so etwas wie Familienmitglieder. Die Anhänglichkeit der Jungen war rührend. Das eigentliche Zuhause, die Wohnung der Quellnymphen war von außen kaum zu erkennen. Der heimische Bach entsprang einer Quelle im Hang, der sich am Rande des Baches durch einen schmalen Spalt öffnete. Ging man hindurch, fühlte man sich wie in einem Märchenland. Es öffnete sich gleich dahinter ein großer Saal, der in hell-türkisfarbenem Licht strahlte. Dies war möglich, weil oben in der Decke eine kleine Öffnung war, die das Licht einfallen ließ. Gefiltert wurde es durch viele kleine Pflanzen an der Öffnung und von so etwas ähnlichem wie einem Spinnennetz. So erstrahlte also der Raum in der Lieblingsfarbe der Nymphen. Die Bodenfläche wurde zu ungefähr einem Drittel von einem Gewässer eingenommen, das leuchtend blau und geheimnisvoll lächelnd vor sich hin säuselte. An den Wänden wuchsen überaus niederflorige Moose, dazwischen ein paar Farne und andere Pflanzen, die mit eher schütterem Licht

auskommen konnten. So fanden sich jeweils ein paar Exemplare des Baum-Kettenmooses, von Flachem Eibenblattmoos, Brunnenlebermoos, Braunstieligem Streifenfarn und Gewöhnlichem Frauenhaarfarn. In der Nähe des Eingangs wuchsen sogar junge Hirschzungenfarne. Selbst einige Blütenpflanzen in der Höhle mit dem Einjährigem Rispengras und dem Wechselblättrigen oder Gold-Milzkraut waren vertreten, am Eingang auch noch das Ruprechtskraut – so kamen auch weiße, gelbe und rötliche Farbtöne in oder an den Rand der Höhle. Die relative Luftfeuchtigkeit war hier drin sehr hoch und die Temperatur lag das ganze Jahr zwischen 10 und 12 Grad. So war es also hier im Gegensatz zu draußen und wegen des fehlenden Windes relativ und angenehm (lau)warm – im heißen Sommer entsprechend angenehm kühl. Die Adepten ließen sich auf weichen Matten nieder, die aus Birkenbast geflochten waren. Vor dort nahmen sie das melodische klickern und glucksen des Bächleins wahr, dazu ein angenehmer Duft nach frischem Grün und erdig-wässrigem Aroma, dazwischen immer wieder leichte Fahnen von geräuchertem trocken-herbem Heidekraut und süßlich-blumigem Ginster. An ein paar freien Stellen, zwischen Grün- und Blaualgen, hingen Gemälde der Nymphenkinder, die wohl die Historie der Quellnymphen darstellen sollten; vielleicht aber auch deren Mythen abbildeten. In einer Ecke befand sich ein kleiner Altar mit grünlich brennenden Kerzen. Daneben ein kleiner Haufen Birkenrinde, da sie die einzige Rinde ist, die auch im feuchten Zustand zum Brennen gebracht werden kann – der in ihr enthaltene Birkenteer war dafür verantwortlich. Also ein wichtiges Utensil im feuchten Winter. Es gab viel gegenseitig zu erzählen. Die Herzenswärme der Nymphen war deutlich spürbar. Gegen Abend gab es noch lecker, gelblich Glibbriges, es kam weichen Gummibärchen sehr nahe; war aber um ein Vielfaches nahrhafter. Der Geschmack war zwar süß, erinnerte jedoch an einen warmen Frühlingsmorgen an einem Bach. Ruhen und schlafen konnten die Vier auf angenehm weichen und leicht duftenden Betten. Linwirospecht fiel gleich in einen tiefen Schlaf, der angereichert war mit einem wunderlichen Traum: *Linwiro befand sich an einem Quellweiher. Die betörenden Gefühle der Quellnymphen hielten ihn hier an diesem Ort fest. Er ließ es sich gerne gefallen. Tage verbrachte er so, lebte in den Tag hinein und dachte an nichts anderes mehr. Wuseliges Spechtherz hatte er auch schon fast vergessen. Sie war im Traum nur noch ein vager Schemen aus ferner Vergangenheit. Als er einmal um den Weiher herumwanderte, erkannte er Berge, die ähnlich denen von Biberland waren. An einem Ende stand der Berg Vinicuncita, wie mit erhobenem Zeigefinger. Er schwebte dorthin, darüber hinweg und konnte plötzlich auch Drömtidelstad erkennen. Es war einfach schön und berauschend. Langsam aber dämmerte es in ihm. Drömtidelstad? Vinicuncita? Da war doch noch etwas. Als er den Namen Wuseliges Spechtherz träumte, erwachte er.* Neben sich konnte er Spechtherz atmen hören und auch ihren Atem spüren. Sie hatte wie unter Sorgen die Augenbrauen zusammengezogen. Es war schön gewesen im Traum. Aber eigentlich hatte er doch noch eine Aufgabe, ein Ziel, hatte er noch Kameraden/innen, mit denen er unterwegs war. Leise schlich er zu Crinaemama, die schon wach war und bedankte sich für den schönen Traum. Sie lächelte nur wissend und zugleich etwas melancholisch. Sie wusste, er würde wieder gehen müssen, um seine Berufung zu erfüllen. Und die lag nicht (nur) bei den Quellnymphen, sondern allgemein in Biberland, noch mehr in Drömtidelstad und bei Wuseligem Spechtherz. Langsam erwachten alle nacheinander. Sie waren völlig entspannt und wie aus einem Paradies tretend. Voll waren sie mit neuen Kräften und erfrischtem Geist. (Wortwörtlich) Traumhaft schön war es hier, aber der neue Tag außerhalb lockte. Sie fanden Linwirospecht vor sich hinsinnierend vor der Höhle am Bach; sein Blick war in die Ferne gerichtet … Mit deutlichem Trennungsschmerz gingen sie dann also auf die Heimreise, noch lange begleitet von den fröhlichen Gesichtern der Quellnymphen und den Geruch der Wohnhöhle in den Nasen stets wahrnehmend.

8. Dritter Tag

In den nächsten Tagen hatte der Winter wieder und nochmals zugelegt. Es war richtig ungemütlich, feucht und kalt. Die Warmphase war vorbei und neuer Schneefall deckte alle und alles zu.
Irgendwie war es auch wie ein Nachhall des Festes beim Otterclan, als sie dann die Worte des nächsten Schöpfungstages hörten. Chelonias

hatte wieder Platz genommen und blätterte vorsichtig und ehrfürchtig im Kleinen-Goldenen-Geheimnis.
Das große Tipi war fast übervoll mit Zuhörern und angefüllt mit neuem, sanftem und fruchtigen Duft. Man hatte sich entschieden, Früchte und trockene Beeren der Eberesche (=Vogelbeere) zu räuchern. Man sagte diesem Duft und Rauch Förderung der Wahrnehmungsfähigkeit nach. Schon bei den alten Kelten, zum Beispiel in Irland, wurde dies für zeremonielle Zwecke so verwendet – sollte auch Weisheit und Wissen dabei fördern. Also genau das, was heute wieder im Tipi vonnöten war. Dazu wurde Spitzwegerich-Tee gereicht. Er verstärkte die heilende Wirkung bei denen, die irgendwie im Hals- und Rachenraum ein leichtes oder starkes „Zwicken" verspürten. Überdies gehörte Spitzwegerich zu den Kräutern, die sehr viele notwendige Spurenelemente besaß. Getrocknete Apfelringe lagen als willkommene Knabbereien bereit. Eigentlich deckten Äpfel zudem auch alles an Vitaminen und anderem, was man so von Früchten haben wollte ("an apple a day ..."). Besonders hatten diese erhöhten Anteil an Ascorbinsäure (Vitamin C) und förderten und regten die Verdauung und den Stoffwechsel, sowie die Fettverbrennung an. Nachdem sich alle auch über die Erlebnisse beim Biber- und Otterclan ausgetauscht hatten, wartete man also entspannt und voller Vorfreude auf das, was jetzt kommen mochte.

Mpiga Ngoma ließ die Klangschale erklingen. Dann bewegte er auf zarte und vorsichtige Weise einen Riesen-Rainmaker, der fast die Ausmaße der durchschnittlichen Körpergröße eines erwachsenen Menschen hatte. Dies setzte er über die ganze Verlesung hin fort. Nach einiger Zeit, für kurze Zeit, wog Mwanamke-wa-filimbi zusätzlich eine Ocean-Drum hin und her. Auf dem Hintergrund des leisen Meereswogens hörte sich das an wie Meereswasser, das auf Land rollte und prallte.
„Und es sprach der ewig seiende Gott: es sammle sich das Wasser von unterhalb des Himmels an einem (Gott (El) gegebenen, entsprechenden) Ort" begann Chelonias. *„Und es wurde sichtbar das trockene Land. Und es war so.*
Und es nannte der ewig seiende Gott das Trockene Land und die Ansammlung des Wassers nannte er Meere. Und es sah der ewig seiende Gott, dass es zweckmäßig gut war.
Und es sprach der ewig seiende Gott: Boden lass hervorbringen das

frische Grün, Pflanzen die Samen hervorbringen zum aussähen, Bäume die Früchte hervorbringen je nach eigener Art, welche Nachkommenschaft in sich tragen und auf die Erde bringen. Und es war richtig.“ [Mwanamke-wa-filimbi schüttelte raschelnd gleichzeitig in einer Hand einen locker zusammenfügten Bund von trockenen Ästchen mit Blättern und in der anderen Hand eine Rassel, die aus vielen kleine Nussschalen bestand.]
„Und es brachte hervor der Boden frisches Grün, Pflanzen mit Samen für die Saat nach jeder Art, und Bäume Samen hervorbringend, mit Früchten welche Samen in sich haben je nach Art. Und es sah der ewig seiende Gott, dass es reichlich war.
Und es wurde Abend und es wurde Morgen.
Der dritte Tag.“
Mpiga Ngoma beendete die Erzählung mit einem Gongschlag. Kurz darauf entzündete Aglaia drei Kerzen am Leuchter.

Aglaia erläuterte: „Diesen dritten Schöpfungstag kann man ungefähr dem Erdzeitalter (=Äon) Proterozoikum (von ca. 2500 bis 510 Millionen Jahren vor heute) bis Ära Paläozoikum des Äons Phanerozoikum (bis ca. 250 Millionen Jahre vor heute) zuordnen. Das Klima war dort wohl zumindest teilweise so ähnlich wie am heutigen Tag. Letztes Mal habe ich es schon erwähnt – auch die Snowball Earth mit weltweiten Vereisungen. Es gibt Lebensspuren und erste Anfänge, in denen sich ganze Stämme, Stammbäume und Lebensverwandtschaften (oder deren erste Spuren und Vorfahren) beginnen und aufbrechen. Besonders wichtig ist aber, dass die Sauerstoffproduktion durch die Photosynthese pflanzlicher Organismen besonders deutlich und bestimmend wurde. Sauerstoff wurde nicht mehr vorwiegend als Oxide im Meer gebunden, sondern konnte massenweise in die Atmosphäre abgegeben werden. Dies ermöglichte zudem die Ozonbildung als UV-Licht-Filter. Somit war also die Atmosphäre nun so lebensfreundlich und beschützend, dass in der weiteren Folge auch tierisches Leben "an der Luft" und atmend sich entwickeln konnte. Die Luft, Atmosphäre, deren Durchsichtigkeit usw. wurde also ganz am Ende deutlich und lebenstragend, was wichtig ist als Voraussetzung für die nächsten Schöpfungstage.
Urmeer – Urland – Urpflanzen
Am dritten Tag haben wir also die großen Anfänge, Entwicklung und in Erscheinung treten von auch Landpflanzen. Diese sind aber

Wildpflanzen und keine Kulturpflanzen. Dies, also die Pflanzen des Ackers und des Feldes, damit der Landwirtschaft, kommt/en erst später mit dem Menschen/nachdem der Mensch geschaffen war. Mit dem Samen tragenden Grün sind am dritten Schöpfungstag wohl eher und vor allem, die Pflanzen gemeint, die ihren Samen selber ausstreuen – wissenschaftlich könnte man hier vielleicht von der einen Gruppe der Blütenpflanzen (= Samenpflanzen Spermatophytina) sprechen, die auch Bedecktsamer (= Angiospermae, seit ca. 250 Millionen Jahren – also am Ende dieses Schöpfungstages) genannt wird – hier die Einkeimblättrigen Monokotyledonen (z. B. Gräser, zu denen auch später die Getreidesorten gehören). Ebenso würde ich hier die Nacktsamigen Pflanzen Gymnospermen (seit ca. 270 Millionen Jahren) hinzunehmen (mit zum Beispiel später den Nadelbäumen), Bei den Bäumen denkt man wohl am ehesten an Pflanzen, die Früchte tragen, wie Obst, Nüsse usw. – also am ehesten die Gruppe der Bedecktsamer, die man auch Zweikeimblättrige Dikotylen nennt.“
„Darf ich etwas fragen?“ ließ sich ganz aus dem Hintergrund des Zeltes eine Stimme hören. „Selbstverständlich, Kinga, Du darfst hier alles fragen“, bedeutete Aglaia der jungen Neanda. „Ich habe von unseren Ältesten gehört, dass die Pflanzen erst viel später entstanden sind. Gab es da so früh wirklich schon überhaupt Pflanzen und dann sogar solche „modernen“ Pflanzen zu dieser Zeit?“ „Ja, da ist eine schlaue Frage. Du hörst Euren Ältesten gut zu. Was wir genau wissen, ist, dass Pflanzen entstanden, bevor die großen Land-Tiere auf der Erde weilten. Sie waren ja durch die Produktion von Sauerstoff geradezu eine Voraussetzung für diese Tiere. Allerdings hast Du auch wiederum Recht, denn die Pflanzen damals waren eher Algen und Vorfahren, Urformen und urtümliche Arten als Vorläufer jener Pflanzengruppen, die wir heute kennen. Selbst als am Ende dieses Zeitalters dann sich diese Pflanzen und Pflanzengruppen formierten, waren es ganz andere Arten, als diejenigen, die wir heutzutage finden können. Ganz besonders aber blühte und wuchs dann alles in üppigster Weise und das Land erstrahlte im darauffolgenden Zeitaltern unter dem Grün, der nun schon eher modernen Pflanzen, die den heutigen schon sehr nahe kamen. In diesen nächsten Tagen gab es so viele, dass sich sogar Erdöllagerstätten bildeten aus den zu Boden sinkenden kleinen Tieren und Pflanzen in den Meeren. Es bildeten sich dann aus den abgestorbenen Wäldern, wenn sie nicht

versteinerten, später auch die Kohlelagerstätten in Flözen durch ausgestorbene „höhere“ Pflanzen. Da wurden sie dann richtig dominant und beherrschten das Bild der Erdoberfläche in den tropischen Gebieten. Aber wichtig ist am dritten Schöpfungstag, dass durch die (oxygene) Photosynthese der Pflanzen Kohlendioxid umgewandelt wurde in Sauerstoff. Dies ist für die Atmung bei Tieren wichtig. Also, vor allem dort, wo auch Meer und Land aufeinander trafen, in seichten Buchten und auch anderswo haben eine Unzahl an pflanzlichen Organsimen dazu beigetragen, dass die Erdoberfläche bewohnbar wurde. Erst am Ende, so wie im Kleinen-Goldenen-Geheimnis auch am Ende des dritten Tages berichtet, entstanden dann die Pflanzen und deren Vorfahren, die wir jetzt noch als Kräuter, Stauden, Büsche und Bäume erkennen.
Die Abfolge der Entstehung und der Tage und Zeitalter entspricht also der natur-wissenschaftlichen Erkenntnis über die Erdgeschichte. Übrigens noch etwas, das fällt mir gerade bei den versteinerten Wäldern ein. Gibt es hier unter uns einen oder eine Indi?“ Neben der Neanda reckten sich sofort mehrere Arme in die Höhe. „Habt Ihr schon einmal von dem Stamm der Bewohner des ecuadorianischen Vilcabamba gehört?“ „Ja“, meldete sich Hevovitastamiutsto, „die ursprünglichen Bewohner gibt es nicht mehr, die letzten Stammesangehörigen wurden leider alle getötet oder sind gestorben. Allerdings weiß ich, dass die wohl sehr alt wurden. Man nannte das Tal auch "Tal der Hundertjährigen“. Dies wunderte immer schon alle anderen Stämme und auch die damals weißen Eroberer.“ „Wow, Hevovitastamiutsto, das ist eindrucksvoll. Diese Geschichte kennt kaum jemand. Das Rätsel um deren Alter von manchmal bis zu 120 Jahren wurde lange Jahre nicht gelöst. Dann gab es da einen Farmer 1920, der wurde von einem der letzten zu der von dem Stamm als heilig angesehenen Quelle geführt. Er fand heraus, dass die Quelle, von der immer alle Vilcabambaner tranken, weiter oben entsprang. Der Ursprung fand sich in einem Steinfeld, das eigentlich aus vielen durcheinander liegenden versteinerten Stämmen bestand – ein versteinerter prähistorischer Regenwald, der glücklicherweise nicht zu Kohle geworden war. Aber das Wichtigste ist, dass das Wasser, das da durch das versteinerte Holz floss, mehr als 70 verschiedene bioaktive Mineralien und Spurenelemente enthielt und diese dann so in das Trinkwasser der heiligen Quelle weiter unten gelangten. Diese

Mineralien sorgten dafür, dass die Menschen überdurchschnittlich alt wurden (zumindest wenn man den Angaben der Ureinwohner vertraut, die ja oft leider nicht genau wussten, wie alt sie wirklich und exakt wären). Andernorts bewässert noch heute der Stamm der Titicaca in Ost-Ecuador seine Felder mit mineralhaltigem Gletscherwasser, besser Gletschermilch genannt. Sie werden dabei oft über 100 Jahre alt. Das ist auch ein Hinweis für uns. Hevovitastamiutsto, Du kannst stolz sein auf so wissende und kluge Indi.“ Hevovitastamiutsto reckte seine Brust stolz in die Höhe, verzog dabei aber keine Miene. Aglaia konnte ein leichtes Lächeln nicht verhindern. „Wir können ebenfalls dafür sorgen, dass wir genügend Mineralien und Spurenelemente erhalten. Das ist der Grund dafür, dass wir morgens meist wechselnde Kräutertees zu uns nehmen. Zusammen im Ablauf einer Woche bilden sie so den Grundstock, dass wir möglichst alle Spurenelemente, eigentlich alle chemischen Elemente, erhalten. Selbstverständlich garantieren wir dies nicht nur dadurch, aber das ist ein guter Grundstock. Abwechslungsreiche frische, pflanzliche Nahrung aus den entsprechenden, oft selben Kräutern ist der zweite Grundstock. Die Tees, die wir deshalb einsetzen sind von Johanniskraut, Spitzwegerich, Ringelblume, Brennnessel, Linde, Zinnkraut (= Schachtelhalm), Schafgarbe und Bambus. Alternativ und zusätzlich mischen wir dabei oft noch unter Grünen Tee, Weißen Tee und manchmal Schwarzen Tee, Hagebutte, Kamille, Papaya, Ginkgo und Sonnenhut. Ergänzend wäre auch noch Tee vom sogenannten Unsterblichkeitskraut (= Jiaogulan) und dem „Wunderbaum“ Moringa gut. Zur Schafgabe wäre weiterhin anzumerken, dass sie sowieso alleine schon alle sogenannten Schüssler-Salze (12 verschiedene Mineralstoffverbindungen in kleiner Potenzierung) enthält. Sie schmeckt auch hervorragend mit ihren zarten, kleinen und jüngeren Blättern zu Tomaten- oder Rucola-Salat.“

Das war alles doch echt viel Info gewesen. Wer konnte sich schon alles und so viel aus dem Stegreif merken? Deshalb entschied man sich, einfach noch ein bisschen zusammen zu sitzen und über dies und das, auch eher Belangloses, zu reden oder still das Lagerfeuer und die Düfte auf sich wirken zu lassen. Danach ging man wie frisch beseelt und mit viel „Hirnfutter“ nach Hause.

9. Vierter Tag

Drei Tage später traf man sich wieder im Tipi. Der Winter hatte immer noch alles im Griff. Aber die Luft war ganz klar und am Firmament konnte man nächtens viele Sterne erkennen. Es erleuchtete die Kälte und gab so ein wenig Hoffnung auf mehr Licht und Wärme.

Im Zelt war wieder alles hergerichtet und nach und nach trafen alle ein, die diesen Abend nicht verpassen wollten. Heute waren auch Vertreter/innen der Mönche und Nonnen dabei. Sie hatten heute eine erklärende und verdeutlichende Rolle zu spielen. In ihrer Nähe befanden sich auch mehrere Laternen und Gefäße, die aber noch kein Licht enthielten. Zum Räuchern hatte man heute eine Mischung aus Ringelblumenblüten und Hagebuttenkernen aufgelegt. Der zusammen zarte, warme und süßliche Duft sollte einerseits beruhigen, entspannen und loslassen fördern, andererseits sollte so die Verbindung zur bald wieder mehr strahlenden Sonne hergestellt werden. Etwas mehr Licht durch den Rauch hindurch sollte symbolisch erinnert werden. Zusätzlich hatte man auch etwas feuchteres Holz aufgelegt, so dass doch eine deutliche Rauchentwicklung zu erkennen war. Eine Mischung aus Mädesüß und Breitwegerich ergab einen Tee, der die Symptome von denjenigen etwas besänftigte, die mittlerweile unter Husten und leichtem Fieber litten. Bei den anderen diente es zur Prävention. Frisch gebackene Plätzchen mit Rosenblütengelee versüßten den Abend.

Da alle noch vom letzten Abend auf eine Fortsetzung gespannt waren, hielt man die Anfangszeit recht kurz. Chelonias war gerade erst hereingekommen. Er setzte sich auf seinen Platz und blätterte sofort in seinem Buch.
Mpiga Ngoma ließ wieder die Klangschale erklingen. Zusammen mit Mwanamke-wa-filimbi bliesen danach die beiden in große schlanke Bambusröhren. Sie bliesen über den Rand und diese Sonnenflöten erinnerten dann mit ihrem zarten Tonhauch an den leisen Hauch der Sonne, das zarte flirren der Sterne, an Licht, das sich sachte aber

unwiderstehlich Bahn brach.
Chelonias begann:
„Und es sprach der ewig seiende Gott: es mögen treten Lichter an das Himmelsgewölbe im Himmel zu unterscheiden zwischen dem Tag und der Nacht. Und sie sollen sein Zeichen für verabredete Festzeiten und für Tage und Jahre.
Und sie werden sein Lichter im Himmelsgewölbe am Himmel, um zu leuchten über die Erde. Und es geschah so.
Und es schuf der ewig seiende Gott die beiden Lichter. Das Größere, das Licht zur Herrschaft über den Tag, das Licht, das kleinere Jüngere zur Herrschaft über die Nacht. Und die Sterne.
Und sie setzte der ewig seiende Gott ins Himmelsgewölbe am Himmel, um zu leuchten über die Erde.
[Immer wieder dazwischen entzündeten die Mönche eine Laterne, so dass im abnehmenden Rauch das Innere des Tipis immer heller wurde und man sich immer besser erkennen konnte – auch diejenigen, die am entgegengesetzten Ende saßen.]
Und um zu herrschen über die Tage und bei Nacht. Und um zu trennen zwischen Licht und Dunkelheit. Und es sah der ewig seiende Gott, dass es gut war.
[Die beiden Afros ließen unterschiedliche Steine mit verschiedenen Tonhöhen aufeinander klicken. In einem gewissen Rhythmus geschlagen, erweckten sie den Eindruck einer Uhr, die leise und stetig vor sich hin tickte, unaufhörlich und durchdringend einen Takt vorgaben.]
Und es wurde Abend und es wurde Morgen.
Der vierte Tag.“
Während am Ende Mwanamke-wa-filimbi mit den Steinen weiterklickte, fügte Mpiga Ngoma seine Klangschale mehrfach dazwischen. Es war wie eine Uhr mit Wecker, die das Ende einläutete. Aglaia entzündete gleichzeitig 4 Kerzen auf dem sieben-armigen Leuchter. Mit jeder Kerze wurde es noch heller, zumal auch die Mönche noch eine ganze Reihe Laternen mehr anzündeten. Noch einige Zeit ließ Mwanamke-wa-filimbi das Klicken der Steine rhythmisch erklingen, jetzt gleichzeitig wie ein Uhrenticken und ein Herzschlag. Ganz sanft ließ sie es nach langen Minuten ausklingen.

Aglaia räusperte sich, sie war vom Licht- und Steinspiel gerührt. Ihre belegte Stimme tauchte ins Tipi-Zelt-Innere ein: „Der vierte

Schöpfungstag also. Innerhalb des Äons Phanerozoikum befinden wir uns vielleicht in der Ära Paläozoikum (bis ca. 250 Millionen Jahre vor heute). Wir haben dieses schon das letzte Mal erwähnt. Um diese Zeit herum, vielleicht auch etwas früher, lichtete sich also die Atmosphäre so weit, dass die Sterne, der ganze Himmel mit seinem Lichterfirmament gesehen werden konnte. Nicht mehr durch den Dunst. Durch eine weniger stickige und "dicke" Atmosphäre konnte man jetzt nicht nur das allgemein Helle erkennen, sondern auch die einzelnen Gestirne. Wenn jemand in dieser Zeit bei solchen Gegebenheiten auf der Erde gestanden wäre, dann hätte er oder sie erst jetzt deutlich in klarer Nacht die einzelnen Lichter am Himmel sehen und unterscheiden können. Das diffuse ehemalige Licht wäre abgelöst worden. Es wäre, wie wenn diese Gestirne überhaupt erst zu diesem Zeitpunkt erschaffen worden wären. Deshalb ist dies im Schöpfungsbericht unter diesem Eindruck so erklärt.
Urwelt (mit Sternen, Sonnen und Planeten) – Urzeit.
Aber ganz gleich zu welchem Zeitpunkt genau, wichtig ist, dass die Lichter zu sehen waren. Somit konnten sie auch auf das Leben hier auf der Erde einwirken. Ich meine damit keine astrologischen Einwirkungen. Denn die Sterne sind viel zu weit weg, um so eine Auswirkung direkter Art auf das Leben unseres Planten haben zu können. Auch irgendwelche Konstellationen, die wir vermuten, am Himmel zu sehen, sind keine echten, festen Konstellationen und Sternenfiguren. Denn aus anderem Winkel des Alls betrachtet, wären sie als solche niemals zu erkennen - weil sie keine solche Verbindung untereinander haben. Selbstverständlich hat die Sonne Einwirkungen, ganz erhebliche, sonst würde uns Licht, Energie und auch Wärme fehlen. Es wäre ansonsten stockdunkel und sehr kalt - vermutlich ziemlich nahe am absoluten Nullpunkt – das wären dann -273,15 Grad Celsius oder 0 Grad Kelvin. Auch das Licht an sich hat eine große Auswirkung auf unsere Gesundheit, weshalb wir uns in Biberland möglichst oft an der frischen Luft, egal bei welchem Wetter, aufhalten und viel (zu Fuß) bewegen (ganz nebenbei hat der viele Sauerstoff an der frischen Luft oder bei viel Bewegung draußen auch seine positiven Wirkungen, z. B. bei beginnender Demenz). Je mehr Lux wir erhalten umso besser (besonders wichtig das Licht morgens bis zur Mittagszeit), z. B. für die ausreichende Bildung von Vitamin D, für die richtige Steuerung unserer inneren Uhr (circadianer Rhythmus), die

die Hormone mitsteuert; vor allem das blaue Licht wirkt gegen Müdigkeit; viel Helle am Tag wirkt gegen zu viel Verwirrtsein in der Nacht bei Alzheimer; entsprechendes Licht sorgt für mehr Aufmerksamkeit und bessere Konzentration usw. Auch der Mond hat einen großen Einfluss. Denkt an die Gezeiten Ebbe und Flut. Der Mond ist, wie im Kleinen-Goldenen-Geheimnis niedergeschrieben, tatsächlich auch jünger als die Sonne, sogar jünger als die Erde. Nur die anderen Gestirne haben eher symbolischen, mythologischen oder psychologischen Wert, aber keinen wirklichen Einfluss. Allerdings richten wir unsere Zeiten, Jahre und Tage nach den beiden großen Gestirnen Sonne und Mond ein (wie soeben vorgelesen). Wir besitzen einen Kalender, der lunar ist (also mit den Monaten nach dem Mond gerichtet), aber solar (nach dem Sonnen-Verlauf) synchronisiert. Soll heißen, wir haben lunare Monate (Monde) und solare Jahre und Tage im Kalender. Wir haben auch einen etwas anderen Kalender als die Welt „draußen“. Wir haben uns entschieden, das lunare Beispiel zu nehmen, aber die weiblichen, durchschnittlichen Monatszyklen zu verwenden. Würde man das reine "Außen-Welt"-Kalender-Jahr verwenden, dann ergäbe das entweder ganz unterschiedliche, willkürliche Monats-Längen oder Fehlzeiten im Laufe des Kalenderjahres. Nehmen wir aber diesen weiblichen 28'er Zyklus, dann haben wir ziemlich genau 13 Monate (13 = 12 + 1 = 12 Menschen (und Apostel)- und Geschöpfes-Monde plus 1 Monat für den Schöpfer-Sohn Jesus) - mit 1 oder 2 Zusatztagen, je nach Schaltjahr oder nicht. Nach unserem letzten Monat endet also das Jahr mit einem zusätzlichen Tag 29 (und evtl. 30). Dort liegt dann auch die Winter-Tag- und Nacht-Gleiche – draußen in der Welt am 21. oder 22. Dezember. Der Monat ist also der Erste, der dann direkt auf den wieder beginnenden zunehmenden Tag nach diesen Zusatztagen beginnt und damit auf den großen Lichtbringer Jesus von Nazareth, an Weihnachten in Bethlehem geboren, hinweist.“

Nun waren die Nonnen dran, abwechselnd und sich ergänzend, das Jahr zu erklären. “Wie wir gerade gehört haben, ist unser Kalender mit 13 Monaten angefüllt, die aufeinander folgen. Sie sind benannt nach den wichtigsten symbolischen Pflanzen in diesen Monaten und auch strukturiert durch unsere Clans, die hier ihre jeweilige Bedeutung haben. Im Laufe des Jahres kommen dann noch zusätzlich die Feste zum Ausdruck, die wir zu Ehren des Schöpfers feiern. Eines davon haben viele von uns gerade beim Otter-Clan gefeiert – es ist Darstellung des Herrn. Wir haben gerade den Lis-Mond. Unser Jahr und Kalender sieht also so aus. Die vorderen Namensteile sind dem Irisch-Keltischen entnommen, wobei wir die Worte nicht wie dort schreiben, sondern so wie sie ausgesprochen werden – zum Beispiel anstatt geschrieben Fearn, schreiben wir F'aarn. Wir beginnen am 1. Tag des Jahres (in der Außenwelt wäre dies der 24. Dezember, bei uns 1. B'eh-Mond) im ersten Monat – dem B'eh-Mond der Sonnengeburt und Erderneuerung mit der Birke. Ihm folgt am 29. Tag des Jahres (21. Januar) der Lis-Mond der Schneerast mit der Eberesche, dann am Tag 57 (18. Februar) der Nin-Mond der Narrenwinde mit der Esche. Hier muss noch hinzugefügt werden, dass wir den in der Außenwelt so genannten Februar immer mit 28 Tagen zählen. Der alle vier Jahre fällige 29. Februar wird bei uns hinten ans Jahr angefügt. Am 85. Tag (18. März) beginnt dann … Nach dem letzten Tag des Trom-Monds der Nachtzunahme (Holunder, 364. Tag, 22. Dezember) schließen sich je nach Schaltjahr oder nicht 1 oder 2 Tage an (365. und 366. Tag, 23. Dezember und danach, Buche und evtl. Mistel – allgemein dem Holunder zugeschlagen) – dies wird genannt F'aa-Laa der Schöpfung (bedeutet so viel wie Buchen-Tag der Schöpfung). Da die 13 Monde nicht mit den 12 Clans korrespondieren und sich also vielfach überschneiden ist jeder Mond (= Monat) meist in 2 Abteilungen gegliedert. Ich nehme mal das Beispiel des Dar-Monds der steigenden Rosen-Sonne: den ersten Teil dieses Monds nennen wir Eichen-Hirsch (1. Dar-Mond bis 11. Dar-Mond, 10. bis 20. Juni), den zweiten Eichen-Specht (12. Dar-Mond bis 28. Dar-Mond, 21. Juni bis 7. Juli). Die genaue Anordnung der Monde, der Namen, Außenweltbezüge, Pflanzen und Tiere, sowie die Feste (Festzeiten) könnt Ihr alle ganz genau in der großen Halle/der Bibliothek von Theoderichskarolingen, neben dem Wallisenhain, sehen und erkunden. Unsere spirituellen Feste, in denen wir den Ewigen ehren und uns mit ihm verbinden, teilen das Jahr genau in vier Teile. Wobei die jeweiligen Viertel nochmals „mittig“ ein Fest tragen – es ergeben sich daher 8/8 im Jahresverlauf. Wenn Ihr mal in den Wallisenhain kommt, könnt Ihr die Anordnung und noch mehr ganz genau ausmachen. Die Feste, die wir feiern (in der Viertel-Einteilung) heißen Weihnachten (2. B'eh-Mond, 25. Dezember), Ostern (am und ab dem 5. F'aarn-Mond), Johannesfest (15. Dar-Mond) und am 1. Ain'aan-Mond Erntedank.

Die Viertelung ergibt sich nicht nur durch die Bedeutung und (symbolische) Lage der Feste, sondern auch durch die astronomischen Sonnenwenden und Tag- und Nacht-Gleichen. Dazwischen liegen weiterhin vor allem Darstellung des Herrn (13. Lis-Mond), Pfingsten (26. Sal-Mond), Mariä Aufnahme in den Himmel (11. Kol-Mond) und die Wendefeste (Allerheiligen, Allerseelen und Sankt Martin, zwischen 5. und 15. Bov-Mond). Ihr seht, der Schöpfer hat alles gut eingerichtet und uns zur Erkenntnis gegeben. Im Laufe des Jahres erkennen wir sein Wirken in der Natur und gefeiert in den Festen."
Ein Mönch ergänzte noch: „ Nicht nur die Jahre, Monate und Tage sind so sinnvoll gegründet und begründet, auch der Tag selbst hat seine innere Ordnung. Ihr habt dies sicher schon alle mitbekommen. Wir teilen uns in Biberland den Tag nicht ein wie in der Außenwelt, sondern nach unseren Gebetszeiten. Wir beginnen den Tag (um 6 Uhr in der Außenwelt) mit der Laudes. Meist sind wir da alleine, weil es noch recht früh ist, aber jeder und jede ist eingeladen, da mitzubeten. Für Biberland beginnt der (aktive) Tag meist mit der Terz (9 Uhr). Ihr folgen Sext (12 Uhr), Non … – also 8 sogenannte Horen. Diese Horen können dann noch durch 3 geteilt werden, dann erhalten wir die Stunden, wie in der Außenwelt. Auch wie dort unterteilen wir die Stunden in 60 Minuten, bei uns Verse genannt und diese wiederum in Versikel (= Sekunden)."
Eine junge Asia, die sich überlegte auch Nonne zu werden, fragte: „Müsst Ihr ehrwürdigen Brüder und Schwestern also auch in der Nacht alle 3 Stunden aufstehen, um Eure Gebete zu verrichten? Das ist aber happig." „Aber nein, keine Sorge, wir beten zu den vollen Horen von Laudes bis meist Komplet, dann halten wir Nachtruhe. Nur einige wenige, die jeden Monatsbeginn ausgelost werden, beten wachend auch die anderen, nächtlichen Horen. Dabei haben sie die Aufgabe auch die kleine Glocke zur vollen Hore zu schlagen, damit alle die Zeit wissen. Zum Ersatz dürfen sie den hellen Tag über ruhen oder haben eben Freizeit."
Da es gerade Mitternacht und damit Matutin geworden war, übernahm heute Mpiga Ngoma das Schlagen und klangliche Verkünden dieser Hore mit seiner Klangschale. Es war wie ein Weckruf in die Nacht – zur Ruhe oder zu weiterem Studium. Die meisten entschieden sich, des Schlafs zu frönen. Einige wenige aber, sehr wissbegierige, umtriebige und abenteuerlustige, entschlossen sich, eine doch auch

mühevolle Schnee-Nachtwanderung zu unternehmen. Sie gingen solange bis sie die Halle (in Theoderichskarolingen) beim Wallisenhain erreichten – am nächsten, manche erst am übernächsten oder am dritten Tag. Dort konnten sie alles in der Bibliothek oder direkt und noch besser im Kreis des Wallisenhains studieren, einsehen und nachsehen. Die Halle sowie der Hain waren den ganzen Tag und die ganze Nacht geöffnet. Immer gab es hier Zugang zu den Weisheiten des Ewigen und den Erkenntnissen der Naturwissenschaften der Weisen. Meist war auch eine/r der Weisen zugegen, sodass man direkt Fragen stellen konnte oder noch mehr, ganz direkt und tiefer ins Schöpfungsgeheimnis eingeführt werden/eintauchen konnte. Es gab auch ein paar besonders Berührte, die (fast) ihr ganzes Leben diesem Geheimnis widmeten.

10. Fünfter Tag

Oh, wie war das schön, die Kraft des Frostes hatte nachgelassen. An sonnenverwöhnten Stellen gab der Schnee auch schon wieder den Blick frei auf den Erdboden oder das niedergedrückte, jetzt aufstrebende Grün. Überall sprießte es, trieb die neue Lebenskraft und kitzelte die Gemüter. Dazwischen huschten immer wieder und ganz unverhofft besonders gestaltete und herausfordernde Narren mit gar mitunter schröcklichen Larven und wundersamem Häs durch die Gegend. Denn, es hatte der Nin-Mond der Narrenwinde begonnen. Es waren Masken und Verkleidungen, die den jeweils anderen eines anderen Clans darstellen und auf die Schippe nehmen sollten. So wurden Indi zu Buchendryaden, Gigantopithekinen zu Afros, Zwerge zu Rittern, Unken zu Humanos … Auch andere Phantasie-, Fantasy-, Märchen-, Sagen-, Legenden-, Mythen- oder Historien-Wesen wurden dargestellt. Besonders beliebt waren aber Wamse und Masken, die die Clans selber versinnbildlichten. Dazu gab es sogar regelrechte Zünfte, die sich aus Lebewesen quer durch alle Clans rekrutiert hatten. Man sah deshalb durch die Lande huschen: Bären wie die aus Neuravensburg, Biber

wie die Atzenboler Biber aus Kressbronn, Eulen wie die Gehrenberg-Eulen, Falken wie die der Burgnarren von Zollernalb-Straßberg, Gänse wie die Schnägäg aus Gauselfingen, Hirsche wie die Murreder Henderwäldler, Lachse wie die Langenargener Schussengeister, Otter wie die Höllen-Otter aus Reutlingen, Krähen und Raben wie die Gwaag aus Wutöschingen-Schwerzen, Schlangen wie die Wilsinger Schlangafanger, Wölfe wie die Fellbacher Weidawolf und Spechte wie der Schnabelgiere aus Meersburg. Das war ein grusliges, spaßiges und närrisches schwäbisch-alemannisches Treiben. Müde Geister wurden munter und tobsüchtige Toren eingebremst. So konnte der Winter allmählich verschwinden und dem neuen, emsigen Leben im Frühling Platz machen. Ein Tor, wer Schlechtes denkt. Ein Narr, wer den Sinn dahinter nicht erkennt. Ein Schelm, wer auf anderer Leute Späße rennt. Ein Irr-wund-witziger, wer den Aufgalopp verpennt. Alle waren wie ausgewechselt und wuselig – als hätte sie „der Hafer gestochen“. Es/alles wimmelte und war voller Leben, eingefrorene und jetzt aufgestöberte Lebensgeister wollten nun endlich heraus.
So kam man an diesem Abend wie durch den (Narren-)Wind getrieben im Tipi an.

Da aber in dieser Stimmung und Unruhe nicht an ein erfolgreiches und fruchtbares Zuhören zu denken war, musste man zunächst die Stimmung abmildernd beruhigen und bereiten. Deshalb wurde mit Brombeerblättern geräuchert und das ätherische Ginster-Öl „verduftet“. Beides wirkte unter anderem besänftigend, entspannend, beruhigend und harmonisierend. Mit ähnlicher Wirkung (allgemein und Blutdruck beruhigend) wurde ein Baldrian-Berberitzen-Tee gereicht, wer wollte alternativ auch Tee vom Johanniskraut. Mit der Zeit wurden alle etwas ruhiger und die Gemeinschaft der Zuhörer bildete eine gespannte Ansammlung an ruhigen, gesammelten, beruhigten und gelösten Wissbegierigen.

Mpiga Ngoma ließ die Klangschale ertönen und alles wurde schlagartig mucksmäuschenstill.
Chelonias ließ sich dieses Mal ausnehmend viel Zeit. Würdevoll blätterte er im Kleinen-Goldenen-Geheimnis und las zunächst für sich alleine und im Stillen die Zeilen. Dann blickte er vielsagend auf. In der Runde blickten ihm leuchtende Augen entgegen, die Ohren schienen sich in seine Richtung gedreht zu haben. Kurzum keiner

wagte, laut und heftig zu atmen. Dann begannen die Worte, wie aus einer kleinen wohltuenden Quelle sachte aus ihm herauszusprudeln (Mpiga Ngoma ließ während des ganzen Vortrags den Klang einer „sanft gestreichelten/geschrapten“ Holz-Tock-Tock-Heuschrecke in die Luft rieseln – es war eine Variante des Tock-Tock- oder Holz-(Schnitz)Klangfrosches):
„Und es sprach der ewig seiende Gott: wimmelt im Wasser Schwärme lebender Geschöpfe, Geflügeltes fliege über das Land vor meinem Angesicht vor dem Himmelsgewölbe am Himmel.
Und der ewig seiende Gott schuf die großen Wassertiere und alle Wesen aller Art, die sich regen und bewimmeln das Wasser und alles Fliegende mit Flügeln aller Art. Und der ewig seiende Gott sah, dass es vortrefflich gut war.
[Im Duett ließen die heute anwesenden Insulo Rawiri und Mysticet (der Bartenwalkazike), beide aus dem Otter-Clan, zu Gemüt gehende, mystische, raumfüllende (Wasser-Welten-)Gesänge erschallen. Sie unterbrachen damit für lange, wunderschöne, traumhafte Minuten das Vorlesen.]
Und der ewig seiende Gott segnete sie, indem er sagte: seid fruchtbar und werdet zahlreich und füllt das Wasser im Meer und das Fliegende werdet zahlreich auf dem Land.
[Mwanamke-wa-filimbi unterbrach den Text und spielte, blies, rieb auf Holzinstrumenten, die Laute von sich gaben, die nicht von dieser Welt zu sein schienen. Man erahnte dahinter Tiere, die vielleicht Zikaden, Grillen oder gar Vögeln glichen oder zumindest solche oder ähnliche Gesänge von sich gaben.]
Und es wurde Abend, und es wurde Morgen.
Der fünfte Tag.“
Die Klangschale beendete den Vortrag.

Aglaia ließ die Emotionen und Töne, das Gesagte und Erfühlte noch etwas nachklingen. Dann entzündete sie 5 Kerzen. Somit waren nur noch 2 auf dem Leuchter nicht entfacht worden.

Aglaia erläuterte: „Wir befinden uns wohl noch in der Ära Paläozoikum des Äons Phanerozoikum (zwischen ca. 540 bis 250 Millionen Jahren vor heute). Nach den Pflanzen erfüllten nun weitere Lebewesen, Geschöpfe das Erdenrund. Das pralle Leben platzte aus allen Nähten. Und nach dem bekannten Lied verändert könnte man

sagen und singen: „Himmel, Erde, Luft und Meere sind erfüllt von des Ewigen Ruhm, alles ist sein geistig und tatsächlich Eigentum“ - voller Gewimmel, Gewusel, Gefliege und Getöne.
Erste Urinsekten gab es vor rund 400 Millionen Jahren auf der Erde – geflügelt und die Flügel nicht zusammenfaltbar - wie heute die Libellen und Eintagsfliegen; die ersten Insekten waren alle geflügelt. Kieferlose Fische durchpflügten die Wässer seit ca. 480 Millionen Jahren, Knorpelfische gesellten sich dazu vor ca. 380 Millionen Jahren – mit wohl später den ersten wahrlich großen Fischen, denken wir z. B. an die heutigen Knorpelfische mit den Haien und anderen. Anderes Wasserleben gab es davor schon einige Zeit länger. Urbewegung mit Ursegen.
In den meisten Übersetzungen des Kleinen-Goldenen-Geheimnisses aus dem Hebräischen ist zwar das Wort „עוֹף הַשָּׁמַיִם of haschamajim“ mit Vögel oder Himmelsvögel, Vögel des Himmels übersetzt, aber eigentlich ist damit nicht die Wirbeltierklasse der Vögel gemeint, sondern alles Geflügelte und Fliegende – zum Beispiel später auch die Vögel, Fledermäuse und andere.“
„Aber“ meldete sich eine kleine (kaum mehr als 40 cm große), geflügelte Elfe mit Namen Tuilin. Fast zwitschernd, flötend sagte sie: „Das passt doch gar nicht zusammen. Wir wissen, dass die Vögel erst viel später entstanden sind. Sie sind aus den Dinosauriern hervorgegangen im Jura, der ja erst vor ungefähr 200 Millionen Jahren beginnt – und dort erst mitten drin im Jura. Sie sind als Gruppe dabei noch jünger als die Säugetiere. Mein Herz und mein Verstand fragen sich, wie können sie dann in der Schöpfungsgeschichte schon vor den Landwirbeltieren auftauchen? Es ist unweise. Auch wir fliegenden Elfen sind ja erst viel später auf die Welt gekommen. Also auch wir können hier nicht gemeint sein.“
„Das ist eine exzellente Frage und beweist Deine Kenntnisse der Naturgeschichte und der vermutlichen Entwicklung des Lebens (der Theorie über die Lebensentwicklung). Über diese Frage sind schon ganz andere gestolpert. Solche auch, die immer meinen, sie wüssten alles und der Ewige hätte wohl nicht viel oder gar nicht eingegriffen in den Lauf der Lebensentwicklung. Manche weichen dieser Frage auch aus, indem sie sagen, das ist nicht so gemeint, sowieso nicht wortwörtlich und kein wissenschaftlicher Bericht. Sie halten es eher für poetisch, symbolisch gemeint, Wasser und Luft gegenüber gesetzt,

oder ähnliches … Wir aber deuten es ganz anders. Warum sollten wir nicht sehen dürfen, was tatsächlich zusammen passt und sich gar nicht widerspricht? Und wir haben Indizien. Schon gleich nach der Evolution der Tiere im Wasser sind aus den landerobernden Gliederfüßlern (Arthropoden) eine neue Gruppe entstanden, die Insekten. Diese waren ja alle primär geflügelt. Wären Beobachter mitten im Urwald auf der Erde gestanden, dann hätten sie vermutlich ab und zu Fluginsekten ausweichen müssen, die zwischen den Bäumen fliegend auf Jagd waren. Wir kennen diese heute unter dem Namen Meganeura. Es sind Riesenlibellen der Ordnung Meganisoptera mit bis zu 70 cm Flügelspannweite. Sie lebten schon vor schätzungsweise 300 Millionen Jahren im Oberkarbon. Tuilin, ihr habt eine Vertreterin bei Euch - im Raben-Clan. Sie waren sehr dominant und man hätte wirklich viele gesehen. Es würde dabei der Eindruck entstehen, als wären sie die Herrscher der Lüfte, die großen Herren des Landes aus der Luft heraus. Die eigentlichen Vögel, schon gar fliegende Säugetiere wie die Fledermäuse, denken wir uns also mit, wenn dann am nächsten Schöpfungstag die Landtiere geschaffen werden.“ Tuilin flötete zwitschernd ganz leise und fröhlich vor sich hin. Sie freute sich schon, Meganeura in ihrem Clan zu treffen und sich mit ihr zu unterhalten. Wer hat schon die Gelegenheit einen solchen Zeitzeugen zu interviewen. Allerdings etwas beängstigend, Respekt einflößend war es schon, denn die Jägerin Meganeura war fast doppelt so groß wie sie selbst.

Alle heute beteiligten Instrumente, unterschiedlichen Stimmen und Stimmlagen glitten ganz langsam, unaufhaltsam in ein Wasser-Orgel-Luft-Flöten-Mitmach-Konzert. Das ganze Tipi war erfüllt. Man wusste nach einiger Zeit nicht mehr genau, wo man war - noch im Tipi, im Wasser oder in der Luft, auf Land oder in einem Traum? Den nahmen dann übrigens viele mit in die Nacht hinein und in den eigenen Traum auf. Sie unternahmen auf diese Weise eine Zeitreise in eine verlorene Welt, die die Herzen streichelte und fröhlich stimmte.

11. Sechster Tag

Frühling wollte es schon fast werden im mittleren Nin-Mond der Narrenwinde. Nin-Mond-Abschnitt Eschen-Wolf war auf seinem Höhepunkt. Jeden Abend und jeden Morgen war daher in den letzten Tagen, kurz nach den Horen, Wolfsgeheul zu hören gewesen. Die Witterung war schon deutlich wärmer und es war überall feucht und zum Teil auch klamm.

Im Tipi versammelten sich dieses Mal, neben anderen, auffallend viele Hominiden, Humanos und ähnliche Bewohner aus Biberland. Die Indi hatten Weißen Salbei mitgebracht. Er wurde zusammen mit dem Echten Salbei verräuchert. Ein würzig-belebender, Konzentration fördernd-stärkender Duft zog rauchig durch das Tipi. Dazu gab man sich einen Boost in Form von Johannisbeeren-Tee (Früchte und Blätter) – es war ein Vitaltonikum durch viel Vitamin C und Rutin, und sollte zusätzlich gegen Alterungsprozesse wirken aufgrund der vielen Antioxidantien.

Heute waren deshalb so viele menschliche Einwohner Biberlands da, weil es am sechsten Tag auch um die Erschaffung des Menschen ging. Das war ein Kapitel, das sich einerseits märchenhaft anhörte, aber andererseits auch viele Fragen scheinbar offen ließ, damit auch Gegenrede provozierte. Es war nicht einfach zu verstehen.

Chelonias war als erster gekommen und hatte sich akribisch und liebevoll routiniert seinen Platz hergerichtet. Gleich darauf war Aglaia erschienen – zusammen mit ein paar Indi. Sie räucherten mit dem Salbei das ganze Tipi aus.
Viele menschliche und nichtmenschliche Augen musterten sich gegenseitig. Es war etwas Bemerkenswertes, dass hier so alle Arten friedlich zusammen saßen. Keiner war den anderen überlegen oder fühlte sich größer und wertvoller. Als Geschöpfe wussten sie, dass jedes Wesen seinen eigenen Wert hatte – und seine besondere, je eigene Verantwortung. Heute wollte man hören über die Verantwortung, die die Menschen zu tragen hätten. Über dies hinaus waren sich alle einig (geradezu ein Grundgesetz in Biberland), dass

man nach folgender Reihenfolge seine inneren Emotionen, Bestrebungen und das soziale Miteinander ausrichtete: zuerst fühlte man sich als Geschöpf des ewigen Schöpfers. Man war also Gläubige/r verbunden mit der ganzen Schöpfung, auch wenn die Riten oft, dies zu feiern und zu zeigen, unterschiedlich waren. Selbst wenn jemand, sich schwer tat, an den Ewigen zu glauben, achtete er diese erste Priorität – im ökologischen und schicksalhaften Zusammenhang mit anderen Lebewesen zu leben und mit gegenseitiger Achtung, Rücksichtnahme und Hilfestellung – auf wechselseitiges Wohl ausgerichtet. Dann erst, zweitrangig fühlte man sich als Menschen ganz allgemein, Hominiden, Biber, Otter, Dryaden usw. Dem folgte im nachfolgend mittleren Rang das Bewusstsein für die Clanzugehörigkeit in Biberland. Erst am Ende, nachrangig und nachgeordnet folgte das eingerichtet sein, Halt findend in weiblichen, männlichen, jugendlichen oder Senioren-Kreisen, als Ritter oder Sentiera, Adepten und anderes. Das ganze Augenmerk lag also eindeutig auf dem Bewusstsein als Mit-Geschöpf, Mit-Lebewesen.

Nicht lange ließen sich die Zuschauer/Zuhörer hinhalten. Auch wollte man heute keine lange Ouvertüre. So begann man also recht bald.

Mpiga Ngoma schlug heute die Klangschale sechs Mal.
Dann legte er vor sich eine wassergefüllte Kalebassenkürbis-Hälfte ab und ließ im Wasser eine kleinere Hälfte, mit der Öffnung nach unten, schwimmen. Diese Wasser-Kalebasse konnte er nun mit einem Klöppel anschlagen, so dass der Eindruck eines hörbaren Pulses, eines Herz-Doppel-Schlages entstand. Dieses Herz pochte während der ganzen Vorlesung.
Chelonias begann:
„Und es sprach der ewig seiende Gott: es bringe hervor das Land lebende Tiere je nach Art, Säugetiere, Reptilien und Tiere des Bodens je nach Art. Und es geschah so. [Mwanamke-wa-filimbi ließ währenddessen auf einer Trommel „Hufgetrappel" ertönen; manchmal schrappte sie über das Fell.]
Und es machte der ewig seiende Gott die Tiere des Landes je nach Art, und die Säugetiere je nach Art, und allerlei Kriechendes, das sich bewegt über den Erdboden je nach Art. Und es sah der ewig seiende Gott, dass es vortrefflich war.

Und es sprach der ewig seiende Gott: lasst uns Menschen machen in unserem Abbild wie unsere Gestalt. Und sie werden regieren über die Fische des Meeres, und die Geflügelten der Himmel, und die Säugetiere, und alle Lande, und all die kriechenden Tiere auf der Erde.
[Leise im Hintergrund ließ der Asia Duuchin Obertongesang ertönen. Es war ein mystisch-tiefer, erdig-ruhiger Gesang, der ahnen ließ, wie der Mensch über die Erde ging und redete, sang und sich wohlfühlte.]
Und es machte der ewig seiende Gott den Menschen in sein Bild, in sein Abbild erschuf der ewig seiende Gott ihn. Männlich und weiblich schuf er sie.
Und es segnete sie der ewig seiende Gott. Und es sprach zu ihnen der ewig seiende Gott: seid fruchtbar und werdet zahlreich und füllt die Erde und stellt sie unter Eure Herrschaft (macht sie urbar) und kümmert euch (sorgend) um die Fische im Meer, und das Geflügel der Himmel und alle/s Leben/Lebewesen, die sich regen auf dem Land.
Und es sprach der ewig seiende Gott: Siehe! Ich überlasse euch dies alles, die Pflanzen mit Samen zum Säen, welche sind auf der ganzen Erde und die Bäume, welche an sich tragen Früchte, Bäume zu säen Samen gehören euch, sie werden sein zur Nahrung.
Und allen Tieren des Landes und allem Fliegenden der Himmel und allem sich Regenden auf der Erde, was in sich Lebensodem hat, um zu leben, (gab er) alle grünen Pflanzen zur Nahrung.
Und es geschah so.
Und es sah der ewig seiende Gott auf alles, was er vollbracht hatte. Und Siehe! Vortrefflich war es gar sehr. Und es war Abend und es wurde Morgen. Der sechste Tag.“
Weiterhin und andauernd ertönte die Wasser-Kalebasse mit dem Herz-Doppel-Schlag – im Hintergrund.

Aglaia entzündete nun die sechste Kerze am Leuchter.
Sie erläuterte: „Zunächst einmal fällt auf, dass am sechsten Tag, im sechsten Zeitalter alle Arten von Landtieren erschaffen wurden, vor allem Land-Wirbeltiere werden hier besonders erwähnt, gewinnen jetzt an Bedeutung. Wie wir vom letzten Mal noch wissen, dürfen wir dazu getrost auch die Vögel rechnen, die ja aus diesen Land-Wirbeltieren entstanden sind. Auch gibt es erste Landtiere, die den Weg zurück ins Wasser gingen und dort weiterlebten und sich

entwickelten - als luftatmende und lebendgebärende Wassertiere. Der Ewige gab ihnen den Impuls und die Kraft, die Möglichkeiten dazu. Wir befinden uns wohl zu Beginn des sechsten Schöpfungstages Millionen Jahre vor (erste Vorläufer der Land-Wirbeltiere im Karbon und Perm haben wir in den Amphibien, die noch Wasser und Land verbinden, und den ersten Reptilien, die hier auch eine erste Blüte haben) und auch an der Grenze von Paläozoikum (Erdaltertum) zu Mesozoikum (Erdmittelalter). Es ist das Äon Phanerozoikum mit den Ären Mesozoikum und Känozoikum bis zum Beginn der "historischen" Überlieferung im Kleinen-Goldenen-Geheimnis. Zu Beginn, vor ca. 250 Millionen Jahren befinden wir uns an der Perm-Trias-Grenze, die markiert wird durch das größte Massenaussterben, verursacht wohl durch gigantische vulkanische Aktivitäten. Es gibt immer wieder Aussterbehäufungen, aber auch starke, scheinbar plötzliche Entwicklungsschübe und -Wellen. Einige, die meisten, davon kann man einem natürlichen Ursprung zuordnen. Andere sind in ihrer Entwicklung einfach so nicht völlig erklärbar oder gar äußerst unwahrscheinlich. Dass dort punktuell ein heiliger, größerer Geist dahintersteckt, der alles aus sich selbst heraus erschaffen/erzeugt hat, ist sehr wahrscheinlich. Wir glauben deshalb an die einwirkende Kraft durch die ganze Erdgeschichte und Entwicklungsgeschichte bis heute durch einen Schöpfer. Die meiste Zeit hat er wohl die Entwicklung, die er mit angestoßen hat (neben den, den Geschöpfen innewohnenden evolutiven, genetischen, mutierenden Kräften und Prozessen - gelenkt durch die vom Ewigen eingesetzten Naturgesetze), beobachtet und begleitet. Die Auswirkungen dessen sehen wir in dem, was in der Evolutionstheorie so anschaulich und richtig vermutet und erklärt wird.

Es ist auch bemerkenswert, dass allen Tieren und Menschen vor allem „grüne Pflanzen“ zur Nahrung gegeben wurden. Der Anfang war also so, dass alle Tiere und Menschen wohl eher Vegetarier sein sollten (erst wohl in der Ewigkeit, in einer Zukunftsvision wird es dann wieder so sein). Dies war wohl auch ganz zu Beginn der Menschheitsentwicklung die Hauptnahrung (neben kleineren, tierischen Proteinquellen) – alles was von den Pflanzen und Pilzen genommen werden konnte und genießbar war. Erst später hatten Menschen z. B. die Fähigkeit, selber zu jagen und großflächig

Getreide anzubauen. Die weitere Ernährungsform wird dann erst ausdrücklich erwähnt, als die Arche nach der Sintflut gelandet war und so ein neues Leben begann – also auch als Mischköstler und Fleischesser. Auch heute noch spüren vor allem die Menschen das, wenn sie gesundheitlich bemerken, dass ausschließliche oder übermäßige Fleischkost einfach nicht bekömmlich ist. So haben wir uns in Biberland darauf geeinigt und angewöhnt (auch aus klima-ökologischen Gründen), vor allem uns auf Essen zu stützen, das aus Wurzeln, Früchten, Gemüsen, Nüssen, Kräutern und einigem anderem ähnlichem besteht. Fleisch und Fleischprodukte kommen bei uns, den Menschen, nur eher in kleineren Mengen „auf den Tisch" – so ungefähr pro Woche zwischen einem halben und einem Pfund (einschließlich aller Fleisch- und Wurstprodukte), und ein weiteres halbes Pfund Fisch. Wenn Ihr mal die Natur-, Ur- und Vormenschen unter uns befragt, dann werdet Ihr bemerken, dass dies deren Ernährung schon immer war – dies haben sie den modernen Menschen als genetisches Erbe mitgegeben. Auch auf Getreide und Milchprodukte verzichten wir so oft wie möglich, da dies dann ja intensive Landwirtschaft mit entsprechendem Tier-Unwohl oder riesigen Monokulturen mit allen denkbaren, auch unökologischen, Nebenwirkungen voraussetzen würde. Kurz und gut - wir nennen deshalb unsere Ernährungsform „Carno-pomane Ernährung" (auf den Begründer des Wallisenhains geht dies zurück). Sie sagt aus, dass wir den „Paläo-Aspekt" achten und neben hauptsächlich Früchten und Nüssen (neben auch Gemüsen und Kräutern, …), auch wenig Fleisch zu uns nehmen.
Was den Menschen betrifft, so sind einige weitere wichtige Anmerkungen zu machen. Zunächst muss man anmerken, dass eigentlich zunächst nicht von einem einzelnen Menschen Adam die Rede ist, sondern von den Menschen als Menschengeschlecht, als sozusagen neue Tierart – zoologisch gesehen sind Menschen „Altweltaffen".
Der Mensch ist auch nicht einfach so, sondern zu einem bestimmten Zweck erschaffen worden. Den bestimmt er nicht selber - auch nicht, wie er ihn auszufüllen hat.
Überdies ist es ganz offensichtlich überhaupt nicht wichtig, ob die Menschen weiblich (→ Weiber) oder männlich (→ Männer), Frauen oder Herren, Damen oder Gentlemen sind. Es wird nicht ein Mann

erschaffen und eine Frau, sondern es werden Menschen erschaffen, die neben anderem halt auch weiblich oder männlich sind – vielleicht so ähnlich wie bei Gott (dessen Abbild wir ja sein sollen), bei dem es ja ebenfalls nicht wichtig ist, welches biologische Geschlecht ihm jemand zuschreiben möchte. Das heißt, dies ist eine Eigenschaft, nicht mehr und nicht weniger, die vielleicht auch mal mehr und mal weniger ausgeprägt ist. Eben eine Eigenschaft wie z. B. braunes Haar oder schwarzes Haar zu besitzen, oder lange oder Stupsnasen. Niemand Intelligentes und Menschen-/Geschöpfes-Freundliches und -Liebendes käme auf die (unvernünftige Geschöpf und Menschen verachtende und deshalb auch den Ewigen verachtende) Idee, die Menschen und Personen nach Ihrer Haarfarbe einzuordnen oder ihrer Nasenform - und dann auch noch davon ausgehend unterschiedliche Macht- oder Rechts-Verhältnisse zu begründen und festzulegen. Wenn das jemand tut oder getan hat, z. B. aufgrund der Hautfarbe oder Herkunft, dann sind das verächtliche Irrwege. Also ist dies auch nicht auf diese Eigenschaft der biologischen Geschlechtlichkeit zu beziehen. Für Gott sind offensichtlich alle gleich würdig und wertvoll, Geschlechter-Unterschiedlichkeit spielt für ihn keine Rolle. Es ist daher auch so etwas oder Ähnliches nicht aus dem Schöpfungsgeschehen und der Schöpfungsabsicht und deren Sinn abzuleiten. Der Segen, der damit verbunden ist, darf also nicht in Fluch umgewandelt werden.

Was ist nun die Aufgabe des Menschen?

Mensch als Ebenbild = Abbild in seiner, des Ewigen Gestalt. Das erinnert mich an Statuen, die immer wieder mal an unterschiedlichen Orten aufgestellt sind. Besonders an Statuen zur Zeit von Monarchen wie im Mittelalter oder zur Zeit es alten Römischen Reiches. Wenn da Statuen standen, dann waren sie Zeichen dafür, dass der Herrscher, Monarch, Cäsar auch an diesem Ort präsent war, auch wenn er nicht höchstpersönlich und körperlich zugegen war - manchmal wurden diese sogar wie (heidnische) Idole verehrt. Die Statuen versinnbildlichten (nicht nur symbolisch) die Macht und den Willen des Abgebildeten - wo die Statue war, galt auch das Gesetz des Abgebildeten. Der Mensch ist so in der Art wie seine Statue, ein Abbild des Schöpfers, das vor dem Rest der Schöpfung steht. Das heißt aber auch, dass alles, was der Mensch tut, auch des Ewigen würdig und zu ihm passend sein sollte. Es ist also bei allem menschlichen Tun immer der Wille des Ewig-Seienden mitzudenken und mit zu bedenken. Nur in diesem Sinne hat der Mensch vom Ewigen die Vollmacht bekommen – als sein Sachwalter, als sein Truchsess, als sein Vogt … Menschen sind also nicht der selbstherrliche und nur sich selbst verantwortliche Herrscher selbst, sondern nur in Stellvertretung. Wir tun es in seinem Auftrag und sind ihm daher auch wieder Rechenschaft schuldig. Das betrifft auch das Herrschen und Regieren, das wir an den Tag legen sollen und müssen. Das ist nie willkürlich und tyrannisch gemeint. Wenn man im Kleinen-Goldenen-Geheimnis von einem König redet, dann ist hier immer einer gemeint, der unter dem Ewigen steht (der wahre, einzige König ist immer der Ewige selbst). Von sich aus hat der Menschen-König gar keine Macht: Diese (scheinbare, delegierte) Macht, die er hat, ist aber am ehesten wie ein solche, wie ein Hirte agiert. Sein Handeln und regieren sollte also lebensfördernd, wertschätzend, fürsorgend und schützend, bewahrend sein. Es ist nicht das nach eigenem Gutdünken handeln gemeint, sondern immer im Hören auf den Schöpferwillen. Der Mensch ist nicht der Ewige selbst, sondern nur ebenbildlich. Man kann daher sich nicht auf den Ewigen berufen, wenn man kriegerisches, mörderisches und unvernünftiges, ungläubiges Handeln fördert und fordert und damit Überbevölkerung, Umweltzerstörung und Artensterben wissentlich, den Ewigen verhöhnend und schöpfungsverachtend in Kauf nimmt."

Ein junger Ritter rief dazwischen: „Aber wir sollen doch die Erde urbar machen und sie beherrschen!"

„Ja, das ist die Intention, die alte Übersetzungen aus dem Hebräischen nahelegen. Wir übersetzen anders in unserem Kleinen-Goldenen-Geheimnis, weil es sonst dem Sinn dahinter nicht entspricht. Anstatt beherrschen und untertan machen, nehmen wie die ebenso möglichen Worte regieren, herrschen, also teilweise nutzbar machen und uns fürsorgend kümmern. Das entspricht mehr dem Sinn dahinter. Die Menschen sollen nicht die ganze Erde zu landwirtschaftlichen Gebieten umformen. Der Schöpfer schuf auch andere Lebewesen, die so gut, gewollt und richtig waren, wie sie waren und sind. Sie haben andere Ansprüche an ihren Lebensraum und müssen deshalb auch so leben können. Am besten zeigt das ganze Verhältnis Mensch-Tier ein neuassyrisches Rollsiegel aus dem 8. Jahrhundert vor Christus. Dort macht ein Mächtiger, einer mit einer Sichel Bewaffneter tatsächlich ein Tier in einem gewissen Sinne "untertan". Das heißt, er stellt einen

Fuß auf ein liegendes Tier, eine Antilope oder ähnliches. Dass damit aber etwas anderes gemeint ist, als unterdrücken, zeigen die Worte, die man stattdessen besser beschreibend verwenden könnte: die Hand auf jemanden legen oder unter die Schirmherrschaft stellen. Denn dem Paar Mensch-Antilope steht ein angreifender Löwe gegenüber, der es offensichtlich auf die Antilope abgesehen hatte. Der Mensch stellt die Antilope unter seinen Schutz und verteidigt sie gegen den Angreifer. Das ist gemeint mit herrschen, regieren und fürsorgend kümmern. Nicht ist gemeint ein beherrschen wie eine Tyrann oder absolutistischer Herrscher, sondern wie ein Verteidiger des Lebens, ein Hirte, ein Tier- und Umwelt-/Natur-Schützer. Wir sollen alle so sein wie Ihr Retter/Ritter, wie ein Robin Hood für alle Geschöpfe. Ritterlich uns für die Benachteiligten und Unterdrückten einsetzen, uns ihnen unseren starken Arm leihen und verteidigen. Das wäre wahres Rittertum. Zu diesem Tun und Sein werdet Ihr ja meines Wissens durch Adalfuns auch ausgebildet – oder?“ Der junge Ritter nickte würdevoll und wissend. „Dazu gehört aber auch, dass es nicht des Menschen Aufgabe ist, ganz neue Arten zu erfinden oder alles nach seinem Willen umzuwandeln. Wenn Tiere und Pflanzen in Not geraten, sollen Menschen und alle, die es vermögen, schützend und helfend eingreifen und dabei des Schöpfers Auftrag beachten. Das ist die Berufung, der Auftrag des Menschen. Einen anderen kenne ich nicht oder kann ich nicht aus dem Vorgelesenen ableiten. Dazu hat der Mensch die Vollmacht erhalten – nur dazu. Außer – später werden wir hören, dass der Mensch den Geschöpfen Namen geben wird. Das gehört wohl auch dazu – vielleicht so wie ein Weiser namens Carl von Linné im 18. Jahrhundert oder wie andere namens Charles Robert Darwin mitsamt Alfred Russel Wallace - beide im 19. Jahrhundert, die beide gleichzeitig herausgefunden haben, wie die einzelnen Arten aufeinander zu beziehen sind und aufgrund welcher Mechanismen voneinander abstammen.

Chelonias würdest Du bitte fortfahren.“
Chelonias nickte anerkennend und bestätigend: „Wir überspringen heute den siebten Schöpfungstag, um die Geschichte des Menschen zu einem vorläufigen Ende zu bringen. Im zweiten Kapitel ab Vers 4 und auch bei einigen Versen im dritten, vierten und sechsten Kapitel steht folgendes geschrieben:

[Mpiga Ngoma ließ ganz sachte und kaum hörbar nochmals die Klangschale ertönen. Dann setzte er den Herz-Doppel-Schlag auf der Wasser-Kalebasse fort.]
„Dies ist die Entstehungsgeschichte (Erzeugung) der Himmel und der Erde, als sie geschaffen wurden. (So war es) in den Tagen des Formens durch den „der war und ist und sein wird“ (Jahwe), der ewig seiende Gott, der Erde und Himmel gründete, ...
... und alle Sträucher des Feldes noch nicht vorhanden waren auf der Erde, noch irgendwelche Pflanzen des Ackers, noch bevor es sprosste. Nein! Nichts hatte „der war und ist und sein wird“, der ewig seiende Gott regnen lassen über das Ackerland. Und bei den Menschen war noch nichts vorhanden, um zu bearbeiten (mit Hacke und Pflugschar) den Ackerboden.
Und Feuchtigkeit stieg auf vom Boden und tränkte die ganze Oberfläche des Ackerlandes.
Und es formte „der war und ist und sein wird“, der ewig seiende Gott den Menschen (Adam) vom Boden des Ackers (Adamah) und blies in seine Nase Lebensodem ein. Und das Leben wurde zuteil dem Menschen, Atem zum Leben.
[In diesem Augenblick setzte auch wieder der Asia Duuchin mit seinem Obertongesang ein. Während des ganzen Vortrages sang er und zeigte so, dass der Mensch jetzt alles begleitete.]
Und es setzte ein „der war und ist und sein wird“, der ewig seiende Gott einen Garten in Eden (Wonne), seit dem Urbeginn, und brachte daselbst den Menschen hin, welchen er geformt hatte.
Und es ließ hervorsprossen „der war und ist und sein wird“, der ewig seiende Gott aus dem Ackerboden alle Bäume, mit angenehmen Aussehen und reichlich Essbarem und ein Baum (Wald) des Lebens (der Lebenskraft) in der Mitte des Gartens (Haggan) und den Baum (Wald) der Erkenntnis (des Verstehens) von Gut und Böse.
Und es sprach „der war und ist und sein wird“, der ewig seiende Gott, es ist nicht gut (zweckmäßig), dass der Mensch für sich allein bleibe. Ich will hervorbringen für ihn eine Hilfe (Beistand) als sein Gegenstück.
Und es schuf „der war und ist und sein wird“, der ewig seiende Gott aus der Erde alle Geschöpfe des Landes und alle Geflügelten der Himmel und den Menschen, um zu sehen, wie er für sich alles würde benennen. Wie er, der Mensch, für sich nannte die lebendigen

Geschöpfe, so bleiben die Namen.
Und es benannte der Mensch mit Namen alle Tieren, und die Geflügelten der Himmel und jedes Lebewesen des Landes und er fand aber keine Unterstützung, die ihm (gleichwertig) entsprach.
Und es ließ „der war und ist und sein wird“, der ewig seiende Gott tiefen (betäubenden) Schlaf niederfallen auf den Menschen (Mann). Und er schlief ein. Und es wurde ihm weggenommen ein Seitenstück (Rippe), und es wurde verschlossen der Leib an dieser Stelle.
Und es baute „der war und ist und sein wird“, der ewig seiende Gott aus der Seite, die er genommen hatte als Teil, den Menschen als weiblich (Frau) und dies(e) brachte der Gott (El) zum Menschen.
[An dieser Stelle setzte zudem Mwanamke-wa-filimbi mit anderer Stimmlage, weiblicher, mit Obertongesang ein. Zusammen mit Duuchin sangen sie ein Duett im Hintergrund zu den folgenden Worten bis zum Ende. Es wurde deutlich, wie Frau und Mann miteinander sangen, rangen, sich betätigten und miteinander ins Leben schwangen.]
Und es sprach der Mensch, dies hier ist jetzt Körper (Wesen, Knochen) von meinem Selbst (Körper, Knochen) und Fleisch von meinem Fleisch, diese/n wird man rufen Frau (Issah, Männin), denn vom Menschen (Mann) wurde diese genommen.
Und es rief der Mensch (der Mann, Adam) dann seine Frau Eva (Dorf, Behausung), denn sie wurde Ahnfrau von allem Leben (Sippen).
...
Abel (ihr Sohn) wurde Hirte der Schafe und Ziegen und Kain (der andere Sohn) wurde Bearbeiter des Ackerbodens.
...
Und es machte „der war und ist und sein wird“ Kain ein Zeichen, damit ihn nicht diejenigen töten, die ihn finden.
Und es ging hinaus Kain weg von dem „der war und ist und sein wird“ und ließ sich nieder im Land Nod (Verbannung, Heimatlosigkeit), östlich von Eden.
Und es nimmt Kain an seine Frau, und sie wurde schwanger, und sie gebar den Henoch.
...
Und wissend erkannte Adam nochmals seine Frau und sie gebar einen Sohn und nannte ihn Seth (Setzling) ...
...

Und es war so, dass die Menschen begannen zahlreich zu werden auf der Oberfläche der Erde. Und Töchter wurden ihnen geboren.
Und es sahen die Söhne des ewig seienden Gottes, dass die Töchter der Menschen wahrlich schön (lieblich) waren. Siehe! Und sie nahmen sich Frauen von all jenen, an welchen sie Gefallen fanden.
Und es sprach „der war und ist und sein wird": mein Geist soll nicht bleiben bei den sterblichen Menschen für ewig, denn sie sind fleischliche (materielle) Wesen und Ihrer Tage werden hundert und zwanzig Jahre sein.
Die Riesen (Enakssöhne) waren in diesem, jenem Land der großen Seen/des Meeres."
Die Klangschale von Mpiga Ngoma beendete diesen langen Text.

Die Zuhörer schauten sich und Aglaia an. Es hatten sich wohl einige Fragen aufgetan.
Ein junger Sentiero, dessen Vorfahren Bauern waren, konnte seine Frage kaum zurückhalten und platzte damit heraus: „Wie war das jetzt mit dem Adam? Woher kommt er? Wie wurde der genau gemacht?"
Aglaia war zunächst überrascht von der Ungeduld. Aber sie hatte sich gleich wieder gefangen. „Ganz offensichtlich hat das etwas mit dem zu tun, was da noch erwähnt ist – dem Ackerboden. Einerseits weist der darauf hin, dass das ja kein Boden ist, der einfach so da ist, sondern wie Du ja von Deinen Vorfahren kennst, ist Acker immer auch ein bearbeiteter Boden. Wir können also davon ausgehen, dass der Mensch aus solch einem Boden entstanden ist, daraus hervorging oder daraus geformt wurde. Das heißt, es schließt nicht aus, dass der Mensch nicht nur aus solch einem Boden entstand (Boden ist auch eine Sammelbezeichnung für alles, was die Erde so an Materialen und Elementen hergibt), sondern vielleicht auch einfach Vorfahren hatte. So wie der Ackerboden ja ursprünglich auch ein unbearbeiteter zum Beispiel Steppen- oder Waldboden war. Das heißt, der sogenannte moderne Mensch hat Vorfahren, die auch Wesen, Tiere waren, aber eben doch die Art von Mensch oder Hominide, die hier gemeint ist. Außerdem weist der Boden selbst auf den Entstehungs-, den Entwicklungsort des Menschen hin. Denn es ist hier roter Boden ausgedrückt im Wort Adamah und Adam. Rote Erden finden sich aber in großen Mengen und auffällig in den Subtropen und vor allem Tropen. Wir können also vermuten, der Mensch ist irgendwo in den

Sub-/Tropen erschaffen worden oder anders gesagt, hat sich dort aus seinen Vorfahren herausentwickelt. Das wird auch durch den wissenschaftlichen Befund, die Funde bestätigt."
Eine kleine Dryade ergänzte mit ihrer Frage das Vorherige: „Ja aber aus was wurde der Mensch denn? Was oder wer waren seine Vorfahren? Wir wissen, dass zunächst das Leben im Wasser entstand, dann Pflanzen, dann kam das Leben langsam und schrittweise auf das Land und so fort. Aber hier scheint es so, als ob erst die Menschen erschaffen worden wären, dann erst die Pflanzen und alles andere."
Aglaia dachte kurz nach: „Zu diesen Schlussfolgerungen kommen viele. Aber man muss ganz genau hinschauen. Zunächst einmal scheinen diese Verse von jemandem niedergeschrieben worden zu sein, der ein anderer war, als der von den ersten Zeilen im ersten Kapitel. Sein Augenmerk war vermutlich viel stärker auf den Menschen gerichtet, das war ihm wichtig. Dennoch bemerken wir, es ist hier nicht von irgendwelchen Pflanzen die Rede, sondern von Pflanzen auf dem Acker; Pflanzen, die eher Nutzpflanzen sind. Ergo – ist es viel naheliegender folgenden Ablauf anzunehmen. Zuerst die ganze Erde, dann erstes Leben und auch Pflanzen, dann Tiere auf dem Land. Dann wurde der Mensch erschaffen. Später aber mit dem (Können des) Menschen kam ja auch die Bodenbearbeitung, so dass jetzt auch die Voraussetzungen gegeben waren für noch ganz andere Pflanzen. So nutzte der Mensch vor allem bestimmte, einzelne Pflanzen und züchtete auch neue Formen daraus. Also zuerst die Wildpflanzen, dann der Mensch und dann die Nutzpflanzen wie Obstbäume, Getreide und anderes."
Eine in Biberland sehr aktive, junge Humano, eine Humana, brachte nun ebenfalls ihre Gedanken ins Spiel: „Vielen Dank für diese Erklärungen, aber ... Okay, jetzt haben wir also den Menschen, der aus seinen Vorfahren entstanden ist, geschaffen wurde aus all den Elementen, die die Erde, der Boden bot. Mir ist auch aufgefallen, dass immer vom Menschen allgemein, den Menschen, gemeint also wohl das Menschengeschlecht, vorgelesen wurde. Plötzlich aber taucht da ein einzelner männlicher Mensch, Adam auf. Ist der ganz alleine? Benötigt er als Mensch nicht jemanden, ist er nicht einsam? Ist bei der Erschaffung der Frau nur der Sinn, dass der Mann nicht alleine ist? Haben wir als Frauen gar keine eigene Bestimmung, sind wir nur Anhängsel? Das gefällt mir aber gar nicht! Da kann was nicht

stimmen. Oder wurden da wichtige Teile des Geschehens weggelassen oder umgeschrieben?“

„Ja, Alexandra“, amüsierte sich Aglaia, „So wie Du war ich in jungen Jahren auch. Frage nur nach. Zeig uns auch, was nicht stimmig oder ungerecht ist oder genau angeschaut werden muss. Zuerst können wir sagen, dass tatsächlich zu Beginn immer nur vom Menschen als sozusagen neue Tierart, neues Geschöpf gesprochen wird, das Menschengeschlecht. Es ist nicht erheblich wie viele es waren, oder ob es eben nur ein Einzelner war. Es ging um den Menschen an sich, nicht um eine bestimmte Person. Aber an dieser Stelle kommen wir ins Grübeln. Denn – der Mensch ist offensichtlich nicht als Solitär-Wesen, als Eremit oder ähnliches gedacht und erschaffen worden. Der Mensch ist von vornherein Sozialwesen und sollte eben sozial sein und handeln. Ich denke, hier ist einfach beschrieben, dass die Menschheit sozusagen zwei Hälften hat. Die eine ist eher und mehr weiblich, die andere männlich. Es ist damit keine Wertung verbunden. Die beiden Hälften, nicht eines einzelnen Menschen, sondern der Menschheit an sich, gehören zusammen und ergänzen sich, sind für die weitere Entwicklung wichtig. Sie können und sollen sich gegenseitig Hilfe sein, sie sind sich gegenseitig ebenbürtige Partner. Ein Hälfte kann ohne die andere nicht überleben und diese Menschheit voran bringen, Nachkommen bekommen. Dabei fällt der weiblichen Hälfte der Menschen die Weitergabe des Lebens durch die Geburt der Nachkommen zu. Die Weibliche, Eva ist also die Mutter, die Leben schenkt, die Mutter der Lebendigen, „das Leben“. Die Frau war historisch und ethnologisch gesehen zu Beginn der Urgeschichte der Menschheit auch die Ahnfrau, die Clanmutter – die Gesellschaft war eher matriarchal und matrilinear, weil man ja immer genau wusste, wo die Kinder bei der Geburt herkamen. So wird die Eva, das Weibliche zum Zuhause der Menschen, zur Heimat der Sippe. Wir müssen uns also nicht immer nur vorstellen, dass es da genau einen Mann und eine Frau gab, Adam und Eva. Die Personifizierung mit bestimmten, einzelnen Ahnen ist zunächst weniger wichtig und kommt später. Am Anfang ist einfach die Menschheit gemeint, die so weiblich als auch männlich ist. Übrigens gibt es auch einen Wissenden, der Fachmann für Populationsgenetik ist. Er weiß, dass Mitochondrien vor allem über weibliches Erbgut weitervererbt werden. Mitochondrien sind sozusagen die Kraftwerke unserer Körper-Zellen. Wenn man jetzt also untersucht, wie Mitochondrien in matrilinearen Genen und Erbfolgen sich entwickeln, die Geschwindigkeit, die Art, die Population sich in den Matrilinien sich verhält usw., dann kann man ausrechnen, wann der Ursprung des Mitochondriums im Menschen ungefähr gewesen wäre. Dieser Wissende sagt, dass aus seiner Sicht es durchaus einleuchtend ist, von einer einzigen Urmutter zu sprechen - in den Zeiten als die Menschen als "moderne" Menschen entstanden sind. Dieses ursprüngliche Mitochondrium wurde von einer Menschin („Männin“, Frau, „Eva“ an die „Evas-Töchter“) weitergegeben und weitervererbt. So funktioniert tatsächlich die Evolution durch Mutationen. Es werden nie (oder nur extrem selten) mehrere Eigenschaften durch Mutationen bei gleichzeitig vielen Individuen gleich verändert. Es ist eigentlich immer nur ein einzelnes Individuum, das eine Mutation erfährt in seinen Genen. Das „neue, moderne“ Individuum paart sich mit den unveränderten Bisherigen. In den Nachkommen, Kindern ist das mutierte Gen vorhanden und verbreitet sich weiter, wenn es von Vorteil ist. Wenn jetzt dann noch hinzukommt, dass eine Kindergeneration durch eine weitere Mutation oder andere Veränderung sich nicht mehr mit den Vorfahren fruchtbar fortpflanzen kann, dann ist eine neue Art erstanden. Zum Beispiel ist der Homo sapiens ein neuer Schritt zur neuen Art gegenüber dem Homo erectus. Es ist anders beim Neandertaler und Denisova-Menschen. Denn ihr Erbgut kommt ja auch beim modernen Menschen vor. Das heißt, sie konnten sich fruchtbar mit diesem fortpflanzen. Daraus folgt aber auch, dass man dann den Neandertaler Homo sapiens neanderthalensis nennen muss (nicht Homo neanderthalensis), den Denisova-Menschen Homo sapiens denisovaensis und den modernen Menschen Homo sapiens sapiens. Auch bei der Gattung Equus können wir ähnliche Phänomene finden. Die Pferde können sich mit den Eseln und Zebras fortpflanzen. Aber die Nachkommen sind bei den Eseln nie, bei den Zebras äußerst selten fertil. Deshalb sind alle in der einen Gattung Equus zusammengeschlossen. Nur in der Gattung (vergleichbar bei den Menschen mit der Gattung Homo) - wären sie alle fertil untereinander, wäre es ein einzige Art. So aber heißt das Pferd Equus caballus (oder Equus caballines), das Zebra Equus hippotigris, wenn man annimmt, dass es eine eigene Art ist. Wenn man aber auf das seltene Fertile abhebt, könnte man auch sagen Equus caballines hippotigris. Die Esel heißen Equus asinus. So erklärt sich also auch, wo eigentlich Kain und Seth ihre Frauen hernahmen. Die waren ja nicht allein auf der Erde, sondern die ursprünglichen Menschen gab es auch noch. Mit denen verbanden sie sich. Man könnte also auch vermuten, dass mit den Gottessöhnen die Neuen gemeint sind: Abel, Kain, Seth und deren Nachkommen. Sie heirateten die Töchter der "alten" Menschen (Altmenschen: Neandertaler und Urmenschen: Homo erectus, Homo heidelbergensis, Homo steinheimensis …, diese kreuzten sich zurück mit/entstanden aus den Frühmenschen Homo habilis, diese aus/mit den Vormenschen Australopithecinen) und zeugten neue. Das neue Erbgut wird in die Menschheit neu eingebracht. Interessant wird es dann im Speziellen beim modernen Menschen in der Bibel. Dabei gab es auch erfolgreichere und weniger erfolgreichere Typen. Zum Beispiel der Abel, die Namensbedeutung Hauch, Wind, Vergänglicher deutet es schon an, ist eine "Sackgasse". Er stirbt (aus) – wird im Kleinen-Goldenen-Geheimnis von Kain getötet (weshalb dieser dann verbannt wird). Kain ist also zu unsozial, fehlerhaft, unmenschlich, um eine „gute“ Menschheit zu befördern. Jedoch - er ist ebenfalls ein Kind des Ewigen, darf deshalb nicht getötet werden. Im Gegenzug muss er sein Leben in der Verbannung als Schmid, Handwerker … bewältigen. Dort gründet er eigene Verwandtschafts-Linien. Dies alles könnte sich so ungefähr vor 200.000 bis über 300.000 Jahren abgespielt haben, damals entstanden die ersten modernen Menschen in Afrika (= Homo sapiens sapiens).

Urleben – Urherden – Urstämme/Urclans/Urvölker“

„Aglaia! Und was ist mit den 120 Jahren, die Menschen leben dürfen auf der Erde?“ fragte eine junge Novizin, die in ihrer Ausbildung zur Heiler-Nonne viel über Heilverfahren und Kräuter lernen durfte.
„Oh ja. Es gibt im Kleinen-Goldenen-Geheimnis ja zahlreiche Angaben zum Alter von genannten Personen. Die allermeisten davon sind eher symbolisch zu verstehen – im Sinne von „sehr alt werden“ oder „fast unendlich lebend“ und so fort. 120 Jahre allerdings ist eine durchaus realistische Zahl, wenn wir uns nicht unser Leben selber verkürzen durch Umweltgifte, Rauchen, Alkohol, ungesunden Lebenswandel, zu wenig Bewegung an der frischen Luft, Burn-Out-Stress, Krieg etc. – kurz davor und danach beginnen dann die

unterschiedlichen Krankheiten und Sterbegründe einen Wettkampf darüber, wer gewinnt. Zumindest sagen uns das Weise, die dem Wissensgebiet der Sozial-Medizin zuneigen."

Einen jungen hitzigen Zwerg drückte schon lange eine Frage. „Es gibt Riesen und anderes. Gibt es keine Zwerge? Wann sind die entstanden? Wer war unser Vorfahr?"
„Da musst Du allerdings die Weisen Deines Volkes fragen", erläuterte Aglaia. „Aber das Kleine-Goldene-Geheimnis und die Forschung geben Hinweise.
Nahe dem Hebron-Gebiet in Palästina ist das Tote Meer und damit auch der Jordan – das Tote Meer ist ungefähr 36 km von Hebron entfernt. In dieser Gegend lebten die Enakssöhne (oder Anakssöhne). Sie waren also die Söhne von Enak (Anak). Er lebte vor rund 3500 Jahren in der Gegend von Hebron. Seine Nachkommen, die Anakiter/Enakiter waren als Riesen bekannt und gefürchtet. Der Kämpfer Joshua und die Israeliten haben sie besiegt. Das ist das Historische. Aber auch im übertragenen Sinn wird das Wort Enakssöhne für außergewöhnlich große und starke Menschen gebraucht. Es gab auch weitere Riesen in der Vorgeschichte. Vor 8 Millionen bis 100.000 Jahren lebte in Nordindien, Pakistan und China ein Riese namens Gigantopithekus (ein paar davon leben auch heute bei uns im Eulenclan). Ihm müssen die Vorfahren der Menschen und der Homo sapiens sapiens schon begegnet sein. Mit seinen bis zu 3 Meter Körperhöhe war/ist er der größte jemals lebende Menschenaffe – mit einem Gewicht ausgewachsen von rund 500 kg. Vielleicht ist der Gigantopithekus aber auch die Ursache so mancher Berichte oder Legenden um zwei ganz besondere Wesen in der Außenwelt. Möglicherweise haben unvorsichtige, eventuell jüngere Vertreter dort Sichtungen ausgelöst und er lebt rezent doch als Bigfoot oder Yeti weiter – wer weiß. Gigantopithekus könnte auch in der Erzählung, die wir eben gehört haben, gemeint sein. Seine nächsten, heute noch lebenden Verwandten sind vermutlich die Orang-Utans.
Auch das Gegenteil, nämlich sehr kleine Menschen (mit einer Köperhöhe von knapp 1 Meter und einem Gewicht weniger als 30 kg) gab es. Es waren sozusagen die Zwerge und Hobbits der Frühzeit. Auch diesen Menschen von Flores (Homo floresiensis) im heutigen Indonesien müssen unsere Vorfahren vor 100.000 bis 60.000 Jahren

begegnet sein – vielleicht auf ihrem Weg von Afrika über Asien nach Australien. Vielleicht sind das Verwandte oder Vorfahren von Dir, mein wissbegieriger, junger Zwerg."

12. Siebter Tag

Rechtzeitig und pünktlich zum vorletzten Samstag im Nin-Mond traf man sich erneut im Tipi. Es war noch nicht wirklich warm, aber erste Sonnenstrahlen gaben einen Vorgeschmack von wohltuender milder Witterung. Die Schöpfungsgeschichte sollte mit einem Höhepunkt zu Ende erzählt werden – oder besser gesagt in seine vorletzte, feierliche Runde gehen.

Heute waren alle festlich gekleidet. Man hatte sich ganz besondere Mühe gegeben, das Tipi zu reinigen und herzurichten. Durch den Wind, die Schneelast und allgemein den Winter arg mitgenommene Stellen der Tipihaut waren ausgebessert worden. Edelster Weihrauch in vorzüglicher Mischung verbreitete seinen Duft und erhob die Seelen. Roter und Weißer Traubensaft, für leicht Fröstelnde und Kälteempfindliche waren auch die alkoholfreien Varianten von Glühpunsch, Glühwein und Glühmost zubereitet worden. Auch ein festliches Buffet, zusammengestellt aus den sieben Früchten des Kleinen-Goldenen-Geheimnisses, war vorbereitet: Weizen, Gerste, Weintrauben, Feigen, Granatäpfel, Oliven und Datteln.

Chelonias war in ein besonders schönes weißes, liturgisches Gewand gekleidet. Auch einige Vertreter der Clans (Älteste und Ritualmeister) waren zusätzlich zugegen. Mit ebensolchen festlichen, zum Teil golddurchwirkten Gewändern und feierlicher, gesammelter Miene saßen sie hinter Chelonias.

Als Aglaia hereinkam, ging ein Raunen durch das Tipi. Ihre Haare leuchteten ebenso wie ihre Augen. Ein mit vielen Ornamenten

bestickttes, langes Gewand auf naturfarbenem, hellem Hintergrund umschmeichelte ihre Trägerin und gab ihr gleichzeitig ein engel- oder feenhaftes Aussehen. Hinter Aglaia folgten Mpiga Ngoma und Mwanamke-wa-filimbi. Ihrer Herkunft und Zugehörigkeit entsprechend trugen sie wallende, bunte Gewänder.
Die feierliche Stimmung war nun „angerichtet" und nahe dem Siedepunkt/Höhepunkt angekommen.

Mpiga Ngoma ließ den Klang einer besonderen Klangschale ertönen. Zimbeln begleiteten das Ausklingen lange weiter. Danach setzte er mit einer Rahmentrommel einen sachten Grundrhythmus zum Vorgelesenen.

Chelonias begann:
„Und es waren vollendet die Himmel und die Erde. Und ihre ganzen Heerscharen.
Und es vollendete der ewig seiende Gott am siebten Tag sein Werk, das er ausgeführt hatte. Und er ruhte feiernd am siebten Tag von all seinem gottesdienstlichen Werk, das er ausgeübt hatte.
Und es segnete der ewig seiende Gott den siebten Tag und er erklärte ihn für heilig. Denn an ihm ruhte er feiernd von allen seinen Werken, die geschaffen der ewig seiende Gott, um es zu vollenden."
Zwischen und am Ende der Verse spielte Mwanamke-wa-filimbi das eine Mal auf dem Holzxylophon, mal mit Koshi-Klangspielen. Beim allmählichen Verklingen setzte Mpiga Ngoma einen letzten sanften Schlag auf einem besonders großen Gong. Währenddessen entzündete Aglaia alle 7 Kerzen des Leuchters.
Dann ließ Mwanamke-wa-filimbi erste zarte Töne auf einer Harfe ertönen - Mpiga Ngoma doppelte einzelne Klänge und setzte Akzente dazu mit einer Leier.

Danach holte Aglaia tief Luft und gab nur ein kurze Erklärung: „Der Ewige beendete also sein Werk am siebten Tag. Aber es war nicht einfach beendet und alles damit Schluss. Er hörte vorerst auf zu erschaffen und feierte dann wie ein Künstler, der sein Werk vollendet hat oder jemand, der gerade ein Baby bekommen oder geboren hat. Er betrachtete alles, freute sich, denn es war alles recht so und richtig gut gelungen. Dann genoss er dankbar. Es war also kein Tag des einfachen, ruhenden Nichtstuns oder Faulenzens.

Urruhe und Urheilig.

So wollen wir heute einstimmen in den Grundtenor des Ewigen am siebten Tag, wollen ihn loben und preisend danken mit den Worten im 104. Kapitel des Buches der sogenannten Psalmen im Kleinen-Goldenen-Geheimnis."

Dies bedeutete für alle zuhörenden und mitfeiernden Anwesenden, dass sie die heiligen Worte in ihre Seele rieseln ließen. Aktiv sprechend, kantilierend und melodisch verkündigend waren dagegen die einzelnen Ältesten und Ritualmeister – abwechselnd und nacheinander, jede/r (oder zu zweit) einen anderen Vers. Mwanamke-wa-filimbi begleitete dies virtuos und verzaubernd/bezaubernd durch ihre Harfenklänge.
„Preise meine Seele den „der war und ist und sein wird" (Jahwe)! Du „der war und ist und sein wird", mein Gott, überaus groß bist du! Du bist mit Hoheit und Pracht bekleidet.
Du hüllst dich in Licht wie in einen Mantel, du spannst den Himmel aus gleich einem Zelt.
Du verankerst deine Obergemächer im Wasser. Du machst Dir zurecht die Wolken zu deinem Wagen, du wandelst auf den Schwingen des Windes.
Du machst die Winde zu deinen Boten, zu deinen Dienern die lodernden Feuer-Flammen.
Du hast der Erde ein Fundament gegeben, ihre Grundfesten werden nicht wanken für immer und in Ewigkeit.
Du bedecktest sie mit Urflut wie mit einem Kleid, die Wasser standen über den Bergen.
Vor deinem Drohen laufen sie weg, vor der Stimme deines Donners fliehen sie ängstlich.
Sie stiegen die Berge hinauf, sie flossen hinab in die Täler an den Ort, den du für sie bestimmt hast.
Eine Grenze hast du gesetzt, die dürfen sie nicht überschreiten, nie wieder kommen sie zurück um die Erde zu bedecken.
Du schickst Quellen in Bachbette, zwischen den Bergen laufen sie umher.

Sie tränken alle Tiere des offenen Landes, die wilden Esel stillen ihren Durst.
Darüber wohnen die Fliegenden der Himmel, zwischen den Zweigen lagernd, erheben sie singend (preisend) die Stimme.
Du tränkst die Berge aus deinen Kammern, von der Frucht deiner Werke wird die Erde satt.
Du lässt Gras wachsen für das Vieh und Pflanzen für das Werk der Menschen, damit er „sein täglich Brot" herausbringt aus der Erde und Wein, der das Herz des Menschen erfreut, damit er das Angesicht erglänzen lässt mehr als Öl und Speise das Herz des Menschen stärkt.
...
Du machst den Mond (Monat) zur Verabredung der Zeiten, die Sonne kennt die Zusammenkunft.
...
Hinaus geht der Mensch an sein Tagwerk und seine Arbeit bis zum Abend.
Wie zahlreich sind deine Werke, „der du warst und bist und sein wirst", sie alle hast du in Weisheit vollendet, die Erde ist voll von deinen Gütern.
Da ist das großartige Meer ... Tiere ...
Sie alle hoffen auf Dich, um ihnen Speise zu geben zu ihrer (artgemäßen) Zeit.
...
Du sendest deinen Geist: Sie werden geschaffen und du erneuerst das Angesicht der Erde.
Möge die Herrlichkeit dessen „der war und ist und sein wird" auf ewig sich erweisen, möge sich freuen „der war uns ist und sein wird" seiner Werke.
Er schaut hin zur Erde und sie bebt, er berührt die Berge und sie rauchen.
Ich will den „der war und ist und sein wird" preisen in meinem Leben, ich werde besingen meinen Gott, solange ich bin.
Möge mein Gesang ihm angenehm sein. Ich werde mich freuen an dem „der war und ist und sein wird".
... Preise meine Seele den „der war und ist und sein wird"! Halleluja!"

Das Ende des 35. Verses, das Hallelujah, war ein durch alle

gemeinsam gesungenes Hallelujah – nach einer Melodie, die einmal bekannt geworden war durch eine israelische Künstlergruppe mit Namen „Gali Atari und Milk & Honey". Dieser Gesang und die Harfenklänge dazu schienen endlos zu gehen. Einzelne setzten immer wieder kurz aus, um zu essen oder zu trinken. Nach einer heiligen Ewigkeit verließen dann Erste und Einzelne und dann immer mehr das Tipi. Das Lob des Schöpfers durch das Hallelujah war noch lange zu hören – von draußen, von drinnen, immer leiser und schwächer werdend – bis sich die Klänge mit dem Flirren der Sterne am Firmament verbanden und nach und nach im fast geleerten Tipi die letzten Ritualerlebenden dort in einen sitzenden, tiefen, seligen Schlaf sanken, der erst am nächsten Morgen endete.

Der Morgen war allerdings nicht ganz ruhig und nicht ohne Ereignisse. Im Lager der Indi wurde das Schöpferlob mit einem ganz eigenen Gesang und Lob fortgesetzt. Maga Ilowan („Gänsesänger"), der Ritualmeister und Schamane der Indi, hatte sich eine Höhle in der Höhe des Berghangs herausgesucht. Diese wirkte wie ein verstärkender Trichter. Der Sprech-Gesang war entsprechend weit und deutlich zu hören. Zudem hatte er den erdigen und hallenden Klang, der in und durch die Höhle so entstand. Maga Ilowan wurde musikalisch in wechselnden Tempi und im 3/4-Takt begleitet von Schamanen-Rahmentrommeln und Maracas. Sein Lied trug den Titel „Kaġa". Dies bedeutet auf Lakota so viel wie „er schuf, er machte".
„Abeetung uŋ Wakáŋ Taŋká na Gitche Manitou na Wakónda na Orenda. Uŋ sŋi léce Wanági. Uŋ Jahwe, uŋ Até na wanági wakáŋ, uŋ wicá na ciŋksí, uŋ wakán yamni. Ȟtálehaŋ oyasiŋ kaġa. Uŋ Abeetung na Wakáŋ Taŋká na Jahwe. Ȟtálehaŋ oyasiŋ kaġa.
Wakáŋ Taŋká maká kiŋ kaġa na nakuŋ wicá kiŋ kaġa. Wicaša oyas'iŋ kiŋ he kuye kiŋ hecapi. Ikcé wicaša kiŋ maká tehílapi, maȟpíya ko."
Übersetzt bedeutet dies: *„*Er, der ist, er ist der Große Geist (Gott) und Gitche Manitou und Wakónda und Orenda. Er ist nicht nur Geist. Er ist Jahwe, er ist Vater und Heiliger Geist, er ist Mensch und Sohn, er ist die heilige Drei. Gestern machte er alles. Er ist Abeetung (er, der ist) und der Große Geist und Jahwe (ich bin der, ich bin da). Gestern machte er alles.
Gott schuf die Erde und dann auch den Menschen. Alle Menschen sind Verwandte. Die Indianer lieben die Erde, den Himmel auch."

Dies war ein mächtiges Bekenntnis zum Schöpfer und zur Einheit der Menschen untereinander. Es drang ganz tief in die Seelen der Biberländer. So gestimmt begannen sie in aller Ruhe und in Seelenfrieden ihr Tagewerk.

Kurz nach der Sext hörten die Biberländer aus dem Hain der Elben einen weiteren Gesang. Dort trug die Elbin Lirulin Linda („Schöne Lerche) das Schöpfungslob „Cariëlaitale“ vor. Ihre Stimme formte zarte, sehr eindringliche, langsam gesungene Melodiefäden in A-Moll:
„*Laituvalmet Eru* (Wir wollen rühmen Eru („der Eine“))
Laituvalmet Tycaro (Wir wollen rühmen (den) Schöpfer)
Eane inga (Er war zuerst)
Euva tella (Er wird sein zuletzt)
Etantanelye mi ilu canta tanwe: náre, vilya, coe ar nén (Du gabst hinaus ins All vier Gebilde (Werke, Elemente): Feuer, Luft, Erde und Wasser)
Cárelya i ilu ar ilye elenath ar rimba onnarim, Melethron (Du (er)schufst das Weltall und viele Gestirne (Sterne) und zahlreiche Geschöpfe, Liebender (Liebhaber)).
Ve írima, ve chwiniol (Wie lieblich (begehrenswert schön), wie phantastisch (schwindelig machend); *Ve blebië wilwarino* (Wie flattern des Schmetterlings); *Ve lirië aiwenion* (Wie singen des Vogels)
Ve gawad nárenion (Wie Heulen des Feuers); *Ve tambië coenion* (Wie klopfen der Erde); *Ve firië celumenion* (Wie seufzen des Baches)
Vallya ulyane ve nén mi i amba (Dein Wille floss wie Wasser in diese Welt)
Qettalya cári panta ar galo ilqa (Dein Wort machte (ließ) sich entfalten (entstehen) und wachsen alles (jedes einzelne))
Elme, i Eruhini, Eldar ar Apanónar, cárelya, o ilqa termaruva mea ar auva berio (Wir, die Kinder Erus, Elben und Menschen, hast du gemacht, damit alles so gut bleibe und beschützt sein werde)
Anta ammen sére ó ilqa onnor ar ealar, sére ó lin, Eru (Schenke uns Frieden mit allen Geschöpfen und Wesen, Frieden mit Dir, Eru)
Eru, Eru ....“
Wer jetzt noch nicht berührt war, dem war nicht mehr zu helfen. Es fühlte sich an, wie im Paradiesgarten in der Zeit der ersten Schöpfung. Wahrhaft ein seliger Tag.

13. Achter Tag

Samstag, der letzte Samstag des Nin-Monds. Die Witterung war merklich milder und wärmer geworden. Das Osterfest ließ nicht mehr lange auf sich warten. Dieses größte und bedeutendste Fest wurde entsprechend vorbereitet. Es war gleichzeitig der „Nationalfeiertag" Biberlands, denn hier wurde einmal diese Domäne des „anderen Lebens" vor vielen Jahren offiziell gegründet. Alles wurde gesäubert, frisch gerichtet, Winterschäden vollends beseitigt, Vorräte und Sämereien gesichtet und überhaupt jedwedes Ding und alle Seelen in Ordnung gebracht. Gleich ob menschlich, tierisch, pflanzlich oder anderes Leben war in froher Erwartung und gut gerüstet.
Aus den Resten von allerlei getrockneten Beeren (z. B. v. Berberitze, Eberesche, Heidelbeere, Johannisbeere, Holunder, Wacholder, Weißdorn), so manchen Früchten (z. B. v. Brombeere, Hagebutte, Sanddorn, (Wild-)Apfel, (Wild-)Birne) und einigen Kräutern (z. B. Ananas-Salbei, Gundermann, Mojito-Minze, Zitronenmelisse) wurde ein kräftigender Wildnis-Tee aufgekocht. Auch letzte Reste von vorjährigem Honig waren noch zu finden. Aus diesem (vor allem mildem Honig wie Lindenblütenhonig, Asfodelohonig oder aus solchem von Orangenblüten) wurden zwei knabbrige und schleckige Leckereien verfertigt. Zum einen Zitrus-Rosen-Frucht-Honig-Schleck (gleiche Teile von einerseits Honig und andererseits einer Mischung aus zerkleinerten Hagebutten und allen möglichen Zitrusfrüchten (wie Zitronen-, Orangen-Schalen … - auch Zitronat und Orangeat), die in den erwärmten Honig eingebracht und 30 Verse ziehen gelassen wurden – auch kurz vor Genuss zusätzlich eingebrachte Orangen- und/oder Zitronen-Blüten-Blätter, Rosenblätter oder Rosenöl verfeinerten den Geschmack). Zum anderen gab es Nuss-Honig-Hügelis (gleiche Teile neutrales Fett, Honig und entweder Haferflocken oder ein Gemisch aus Mohnsamen und Kokosraspeln; 1/3 der Menge jeweils auch von Sesamkernen (oder Brennnesselsamen oder Sesamsamen) und allerlei zerkleinerte Nüsse).

Die warme, leicht abgekühlte, eingedickte Masse konnte man auf eine Unterlage geben (Mini-Fladen); das Ganze trocknete bei Raumtemperatur).

So gerüstet begaben sich einige ins große Erzähl-Tipi, um die Schöpfungsgeschichte zu Ende zu hören. Warum zu Ende? Der siebte Tag war doch schon erzählt und entsprechend geehrt worden. Das klärte sich dann gleich auf.
Die Zuhörer/innen wurden einladend mit Wald-Weihrauch-Duft aus Nadeln und Harzen aller möglichen Nadelgehölze empfangen. Darunter mischte sich der Duft von Rosenöl.
Chelonias war schon an seinem Platz. Auch er duftete nach Harz und Honig. Aglaia war ein einziges Rosenaroma und Mpiga Ngoma und Mwanamke-wa-filimbi dufteten nach einer Mischung aus Zitrusfrüchten. Die Haare der drei waren frisch eingeölt und dufteten mit ihrer Haut um die Wette.
Das war nun etwas ganz anderes, neues. Was war geschehen?

Aglaia setzte ihr honigsüßestes, natürlich-bezirzendstes Lächeln auf. Ihre Augen und Haare glänzten den Blicken entgegen:
„Liebe Biberländer, vor allem Ihr Jungen und Neuen, Ihr fragt Euch sicherlich, was der heutige Abend bedeuten soll. Wir machen eine kleine Pause, atmen frisch durch vor dem großen Fest. Alle Hände ruhen und unsere Seelen öffnen sich. Wir hören heute vom achten Schöpfungstag. Ja, Ihr habt richtig gehört. Sieben Tage dauerte das Schöpfungswerk des Ewigen. Aber das war nicht das Ende aller Tage und Zeitalter. Am achten Tag, dem Beginn des neuen Zeitalters, des Neuen Bundes begann die Woche von neuem. Der siebte Tag ist der Sabbat, der achte Tag der Sonntag – also der erste Tag der neuen Zeit. Dies ist auch der Grund, warum bei uns die alte Woche am Sabbat/Samstag endet und die neue Woche am Sonntag beginnt – so sind unsere Kalender geschrieben.
So hört, was am achten Tag geschah.
Chelonias?“

Eine völlig andere als bisher gestimmte Klangschale wurde von Mpiga Ngoma angeschlagen. Danach setzte Mwanamke eine Tiba an und ließ eine kleine Ouvertüre erklingen.

Als Chelonias sich bewegte, strömte ein honig-harziger Duft im Tipi-Raum aus.
„So steht es geschrieben im Kleinen-Goldenen-Geheimnis. Zu Beginn seines Buches der freudvollen Botschaft lässt uns der weise Johannes wissen:
„Im Anfang war der Logos (das Wort), und der Logos war bei Gott, und der Logos war Gott. Dieser war im Anfang bei Gott.
Alles wurde durch ihn, und ohne ihn wurde auch nicht eines, was geworden ist.
In ihm war das Leben und das Leben war das Licht der Menschen.
Und das Licht leuchtete (scheint) in der Finsternis und/aber die Finsternis hat es nicht erfasst.
...
Er war das wahre Licht, das jeden Menschen erleuchtet, gekommen in die Welt.
Er war in der Welt und die Welt ist durch ihn geworden, aber die Welt erkannte ihn nicht. In das Eigene kam er, aber die Eigenen (Seinen) nahmen ihn nicht auf.
...
Und der Logos wurde Fleisch und zeltete unter uns (hat unter uns gewohnt), und wir haben seine Herrlichkeit gesehen, die Herrlichkeit (wie) des einzigen Sohnes (Einziggeborenen) vom Vater, voll Gnade und Wahrheit."

Zwei große Gongs unterschiedlicher Klangfarbe wurden von den beiden Afros abwechselnd und rhythmisch geschlagen.
Währenddessen entzündete Aglaia acht blütenförmige Schwimmkerzen. Diese schwammen in einer wassergefüllten Kalebassen-Schale. Fruchtiger Duft mit herber Note breitete sich da heraus aus.
Aglaia gab ein Zeichen an die beiden Afros, die die Gongs verklingen ließen.
„Ich habt gehört, wie zu Beginn des ersten (Schöpfungs-)Tages angekündigt und an Weihnachten gefeiert: der Ewige materialisierte in den Menschen Jesus; er wurde ganz Mensch mit all seinen Fasern - und blieb doch auch der Ewige. Sein/das Wort wurde sichtbar und leuchtete. Von neuem sollte die Schöpfung befruchtet und erfüllt werden. Leider aber, im Gegensatz zu anderen Wesen und Lebewesen,

wurde dies von den (von vielen) Menschen missverstanden, missachtet und bekämpft. So kam es zu Karfreitag – dem Tod von Jesus aus Nazareth. Aber immer wieder gibt uns der Ewig-Seiende eine Chance, einen Neuanfang – es wurde Ostern – der erste Tag der neuen Schöpfung – der achte Tag. Es ergab sich Überraschendes und Neues. Und merkt es als Versprechen, auch bei uns wird sich etwas bewegen …"
Das war wie eine Prophezeiung gesprochen.

Noch lange saßen die Biberländer im Tipi, leise sich unterhaltend teilten sie ihre Neugier und Hoffnung. Sie wussten, dass der achte Tag Hoffnung und Neuanfang gebracht hatte. Aber die Menschen hatten selber auch Schöpfer gespielt und einen neunten Schöpfungstag versucht zu beginnen. Und so hatten sie ihren Fluch über die Welt gelegt. Unfrieden, Ausbeutung, Eingriffe in das Wesen der Lebenden und Umweltzerstörungen waren nur einige Schöpfungs-Untaten der Menschen.

14. 2 x 7 – was weiter geschah

Aglaia hatte wohl recht gehabt – ihre Prophezeiung sollte sich sehr schnell erfüllen. Nach 1 x 7, dem ursprünglichen Schöpfungszeitalter, wurde der Beginn von 2 x 7, die zweite Woche – und war weit fortgeschritten. Noch in der Osterzeit begab sich Merkwürdiges. Dort, wo Linwirospecht und die anderen Adepten wohnten, tauchten auf dem Vorplatz kleine Pilzköpfe auf. Nicht dass hier noch nie Pilze gewachsen wären. Aber sie ploppten regelrecht ganz überraschend auf. Die drei B's, wie Büffelherz, Bibermädchen und Brummbär auch genannt wurden, weil sie meist zusammen anzutreffen waren, besuchten gerade die Adepten. Sie beruhigten die Überraschten. Laufenden Raben, der gerade und ebenfalls vorbeischaute, hielten sie an. Sie gaben ihm den Auftrag, den Pilzgnomen zu holen. Den Adepten erzählten sie von einem weiteren wunderbaren Geheimnis von Biberland. „Durch Catukinken werden Nachrichten und Botschaften unter anderem von der Grenze weitergegeben. Aber, wenn etwas innerhalb Biberlands geschieht oder die Nachricht viel persönlicher den Einzelnen oder wenige betreffend ist, dann gibt es einen noch genaueren und besseren Weg der Nachrichtenübermittlung. Dies beruht auf dem sogenannten Intermycel. Pilzhyphen, um es etwas vereinfacht zu sagen, also so etwas Ähnliches wie die „Wurzeln“ der Pilze, breiten sich unterirdisch über viele Quadratmeter aus. In Biberland verbinden sie sich, haben nicht nur Kontakt zu den Hyphen der gleichen Art oder mit den Bäumen, mit denen sie zusammenleben und zusammenarbeiten (Mykorrhiza), sondern auch zu allen andern Pilzen. Über die Hyphen werden Impulse weitergeben. So entsteht ein Netz, das unter der Erdoberfläche ganz Biberland miteinander verbindet. Mit etwas Übung oder eben über den Pilzgnomen kann man diese Botschaften dann „lesen“.

Als der Pilzgnom eintraf, stellte er sich als „Fungus“ vor. Er war begleitet von Wolfsbruder und Pumapfote, die ihn abwechselnd getragen hatten. Er selber konnte sich nur sehr langsam fortbewegen. „Es scheint eine wichtige Nachricht unterwegs zu sein, wenn gleich mehrere Pilze so plötzlich erscheinen. Die Pilze erscheinen dort, wo die Nachricht hin soll.“ "Soll das heißen, die Pilze erkennen uns? Sie sind der Überzeugung, dass wir die Empfänger sind?“ polterte Schneller Bär. Linwirospecht legte seine Hand auf diejenige seines Freundes. „Gemach, gemach. Wir sollten nicht unfreundlich und „holprig“ sein. Es gibt bestimmt einen guten Grund und eine einleuchtende Erklärung.“ Hellsichtiger Rabe hauchte vor lauter Aufregung und „wissenschaftlicher“ Neugier fast nur: „Erstaunlich. Das muss ich ganz genau wissen.“ „Lasst uns jetzt vor allem aufmerksam zuhören“, sprach Linwirospecht und legte seine Arme um Wuseliges Spechtherz. Sie setzten sich alle Fungus gegenüber. Die anderen bildeten umstehend einen großen Kreis drumherum. In der Mitte befanden sich die Pilze.

„Also dann ganz von vorne“, begann der Pilzgnom. „Dies ist weder Zauberei noch etwas Ungewöhnliches. Überall auf der Welt geben die Hyphen Botschaften und Stoffe weiter. Nur wir hier in Biberland haben gelernt, die Nachrichten zu "lesen". Als Sprecher und Anführer der Pilze habe ich die Ehre, alle darin einzuweisen. So lernen wir, wie

wichtig die Pilze für unser Leben, die Lebensgemeinschaft sind. Ich schicke in den nächsten Tagen mal Eulenschrei und Spielende Krähe bei Euch vorbei. Sie sind meine erfolgreichsten Schüler. Wenn Ihr wollt, weisen Sie Euch in dieses Geheimnis, das Intermycel ein." Hellsichtiger Rabe war ganz Feuer und Flamme, seine Augen strahlten, er vergaß fast zu atmen. „Also, ich lege meine Finger vorsichtig um einen Pilzkopf", fuhr Fungus fort, „und nehme mit dem Pilz dadurch Verbindung auf. Auf diese Weise erschrickt er nicht. So kann er mir seine Erlaubnis geben, ihn im „Innersten zu berühren". Seht Ihr? Es ist fast wie wenn meine Finger mit seinem Hut verschmelzen würden. Dann stecke ich die Finger in den Boden und strecke mich so äußerlich aber auch innerlich-geistig dem Intermycel entgegen. Die berührten Hyphen können so die Nachrichten an mich weitergeben. Versucht es doch auch einmal!" Die Adepten schauten sich ungläubig an, ließen sich aber diese Chance nicht entgehen.
Es dauerte eine Weile. Nicht alle hatten auf Anhieb Glück. Bald bekam Wuseliges Spechtherz Tränen in die Augen. Etwas hatte sie freudig berührt. Hellsichtiger Rabe und auch der inzwischen angekommene Drömson erstarrten vor Ehrfurcht und Erkenntnis. Hellsichtiger Rabe fasste seine … ja was eigentlich genau? … in Worte. „Es ist wie Träumen, wie ein Ahnen oder Schauen hinter einen Dunst-Schleier. Ich kann nichts Genaues erkennen. Aber irgendwie ist es, wie wenn hinter dem Dunst etwas sehr Bekanntes, sehr gefühlsmäßig „Nahes" warten würde. Ich, ich … kann es nicht genau fassen …" Etwas erschöpft zog er seine Finger aus dem Boden und betrachtete dann kontrollierend jeden einzelnen Finger. Dann schaute er Fungus an. „Es scheint mich ganz persönlich zu betreffen. Sag mir bitte, was das ist. Ist es so etwas wie eine Fata Morgana oder ein anderes Trugbild? Will mich jemand oder etwas in eine Falle locken oder „an der Nase herumführen"?" „Aber nein", beschwichtigte der Pilzgnom. „Du hast eine Botschaft empfangen, die Du nur noch nicht gelernt hast, richtig zu deuten und eben fehlerfrei zu lesen. Wenn ich es richtig verstanden habe, dann ist die Botschaft von einem Pilzfreund ganz im Süden. Dort liegt ein versteckter Zugang nach Biberland in der Nähe des Gebietes, das Ihr als „Spiegel des Paradieses", also das Tal der Nacht der Bestimmung kennt. Von dort bewegen sich einige Menschen nach Norden und auf uns zu." „Warum hat uns keiner gewarnt? Funktioniert das Catukinken im Süden nicht

mehr?“ warf Wolfsbruder ganz aufgeregt dazwischen. „Keine Sorge, mein tapferer Wächter“, besänftigte ihn der Pilzgnom. „Von dort droht uns keine Gefahr. Das sind friedliche Menschen, die offenbar kommen dürfen. Ich denke, es sind die Familien unserer Adepten hier. Sie wurden ja schon angekündigt. Und ich weiß, alle freuen sich schon auf diese eventuellen, neuen Humanos. Aber, Sie sind nicht nur froh unterwegs. Irgendetwas bedrückt sie …“

Auch wenn sie nicht geübt waren, durften nun Linwirospecht, Schneller Bär und Hellsichtiger Rabe ihren Familien eine Botschaft übermitteln. Sie legten Vertrauen und Vorfreude hinein. Und obwohl ihre Familien das Lesen des Intermycels nicht beherrschten, würden sie die Gefühle und die Botschaft „intuitiv“ aufnehmen. Jedes Mal, wenn sie an einem Pilz vorbeikamen, würden sie dies spüren und so besänftigt weiterwandern.

Der Pilzgnom hatte auch herausgefunden, dass sie einen Führer dabei hatten, der an anderen Tagen eine der Karawanen in die Außenwelt begleitete. Listiger Fuchs, so sein Name, war ein ausgesprochen vorsichtiger, dabei aber gewiefter Händler – einer der beliebtesten Karawanenführer, die die Waren Biberlands unter dem Markennamen „Parthas“ zum Verkauf brachten.

Nicht nur die Pilze übermittelten die Botschaft. Auch die umstehenden Bäume hatten über die Wurzeln Kontakt, Austausch und eine Symbiose mit den Pilzhyphen. In der Biologensprache nannte man dies Mykorrhiza. So vernahmen also auch sie die Kunde und gaben sie zusätzlich mit unwiderstehlichem Duft an die sich darunter Befindenden weiter. Dies war so eindrücklich, dass sich die Nasen aller in die Höhe reckten und sich die Lungen damit fast bis zum Bersten füllten.

Plötzlich ploppte noch ein Pilzhut bei den Adepten auf. Das war ungewöhnlich. Denn wenn die Nachricht angekommen war, dann blieb normalerweise alles ruhig und ohne weitere Pilze. Nun aber musste etwas Besonderes vorgefallen sein. Sofort begab sich Fungus dorthin. Seine Miene verzog sich. Er schien einerseits überrascht und andererseits aber auch verärgert. „Eure Familien und die Wächter waren wohl unvorsichtig. Ihre Aufmerksamkeit hatte sich in die Zukunft des Wiedersehens gerichtet. Niemand hat bemerkt, dass ihnen jemand gefolgt ist. Sie haben ihm den Weg nach Biberland gezeigt.

Ich werde gleich zu Weißem Berg gehen. Ich denke, er wird einen Falken losschicken, um den Biberclan zu warnen. Ganz in der Nähe dieses Clans wird der Weg der Reisenden vorbeiführen. Hoffentlich gehen dann der Ritter oder einer aus seinem Gefolge, am besten der Trainingsriegen-Vertreter Paguroidus, der Einsiedlerkrebs, mit seinen Kämpfern, dem Eindringling oder Spion entgegen. Wir können davon ausgehen, dass sie ihn geschickt abfangen werden.“ Sagte es … und schon war er verschwunden …

Jetzt standen die Adepten also da. Sie waren ganz schön verdattert. Gerade noch waren sie voll Freude, jetzt kroch ihnen etwas ziemlich grauselig den Hals hinauf. Was sollten sie tun? So hatten Sie sich ein Wiedersehen nicht vorgestellt.

Die drei B’s hatten sich am schnellsten gefangen. Sie sprachen sich kurz untereinander ab. Brummbär informierte dann die Bewohner der Eichhörnchen-Kobel-Siedlung. Büffelherz lief in die entgegengesetzte Richtung davon. Und Bibermädchen – nun sie war ja eh dazu auserkoren, die Ansprechpartnerin und "Führerin" für die Adepten in Biberland zu sein. Sie erklärte ihnen das weitere Vorgehen. Die Siedlungsbewohner würden für die Familien schöne eigene Räume herrichten und dazu einen kleinen Willkommenstrunk. Büffelherz würde zu Saubär gehen, um ihn zu bitten, alle mit seiner Rotte zu begleiten, wenn sie den anreisenden Familien entgegen gingen. Sicher ist sicher, man konnte ja nie wissen. Laufender Rabe würde die Neuigkeiten unter den anderen Biberländern weiterverbreiten. Sie selber würden sich jetzt abmarschbereit machen. Es musste etwas Proviant eingepackt werden und Wechselkleidung. Sie würden bald den Familien entgegengehen. Na, das war doch mal eine gute Nachricht. Die Herzen der Adepten wurden leichter. Auch Wuseliges Spechtherz und Drömson freuten sich mit ihnen. So machten sie sich also ans Werk.

Sie waren noch nicht ganz fertig, als sie von einem choralen Grunzen aufgeschreckt wurden. Saubär stand mit seiner Rotte in Reih und Glied auf dem kleinen Vorplatz, salutierte recht drollig (was ihm so selbstverständlich keiner sagen durfte) und erklärte damit ihre Bereitschaft, mitzugehen und alles für den Schutz der Adepten und deren Gefolge zu unternehmen. Das war ein freudiges Wiedersehen, sie alle freuten sich über Saubär und sein Angebot.

Also ging es los. Immer nach Süden. Voraus ging und patrouillierte Saubärens Rotte. Dahinter folgte Bibermädchen mit den drei Adepten, dabei ebenfalls die beiden Geschwister aus Drömtidelstad. Drömson schwebte dabei immer wieder meterhoch über den Köpfen der anderen, um eventuell schon wie ein Ausguck erste Anzeichen zu erspähen. Wolfsbruder hatte Fungus zu Weißem Berg begleitet. Aber Pumapfote entlastete ab und zu Drömson, wenn er vom Schweben zu erschöpft wurde – er trug ihn dann huckepack etliche Strecken. Mittlerweile war es ein fröhliches und quirliges Unternehmen. Nach langen Tagen des Feierns, auch Ruhens und Lernens tat ihnen allen die Wanderung gut. Frische Luft füllte die Lungen, am Wegrand stehende Bäume, die mit ihren Zweigen majestätisch und zugleich lustig wedelten und herrlichen Duft ausströmten, erheiterten ihre Gemüter, der Geist wurde durch viele neue Entdeckungen in der Umgebung inspiriert und die Seele vergaß es nicht und immer wieder, ein Dank- und zugleich Bittgebet dem Ewigen entgegenzuschicken. Das Wiedersehen sollte ja unvergesslich schön werden. Obwohl sich ja auch eine gewisse Spannung darunter mischte. Was würde es mit dem Verfolger geben? Aber das waren nur kurze Nebelschleier, die nicht nachhaltig die Sonne vertreiben konnten.

So verging der Tag und man ruhte nächtens unter ein paar herrlichen Eichen und Hainbuchen, Bäume und heckenförmig im Rund, die einen kleinen natürlichen Kral mit nur schmalem Zugang bildeten.

Der nächste Tag erstieg schon fast seinen Höhepunkt, als sie wieder einen kleinen, purpurrot leuchtenden Pilz sahen, der kurz vor ihnen aufploppte. Bibermädchen nahm Kontakt auf und strahlte freudig. „Eure Familien sind gar nicht mehr weit, wir müssten sie in circa 100 Versen treffen!“ „Yippie-yeah!“ gab Linwirospecht nur von sich und machte sich umso schneller wieder auf den Weg. „Echt groovy!“ ergänzte noch kurz Schneller Bär und war unaufhaltsam hinter Linwirospecht her und sogar schon gleich an ihm vorbei …

Die Zeit war noch nicht zur Hälfte um, da erkannten sie entfernt, hoch am Himmel einen Vogel kreisen. „Das müsste der Falke sein, der zum Biberclan geschickt wurde“, mutmaßte Pumapfote. Er hatte einen

außergewöhnlich scharfen Gesichtssinn, seinen Augen blieb kaum etwas verborgen. „Ich könnte mir vorstellen, dass er Eure Familien von oben begleitet. Vielleicht hat er auch den Verfolger im Visier und gibt so den „Bibern“ Orientierung.“ Schon bald danach senkte sich das Gelände immer mehr. Die Vegetation glich zunehmend einer (Hochgras-)Prärie oder Pampa. Die Gräser standen in dieser Jahreszeit fast schon wieder mannshoch. Dazwischen eingestreut waren letztjährige Halme, die deutlich höher (2 bis 2,5 Meter) waren (so waren zum Beispiel Riesen-Federgras, Glänzendes Silberährengras, Gerards Blauhalm, Goldborstgras und Pampasgras zu sehen). Man konnte eigentlich nicht wirklich weit in die Ferne blicken, da zusätzlich wie in einer Savanne auch einzelne Bäume und Baumgruppen das unebene Gelände gliederten. Aber – der Falke schien immer näher zu kommen. Nach weiteren langen dutzenden Versen, die die Geduld der Wanderer auf die Folter spannten, war voraus eine leichte Bewegung der Grashalme zu bemerken. Sie war anders, unrhythmischer als die ansonsten wahrnehmbare gleichmäßige Bewegung der Gräser im Wind. Vorher sah es aus wie ein offenes Meer, das statt in einer Wasser- in einer Pflanzendünung dahinwogte/dahinrollte. Die neue Bewegung störte irgendwie und sah aus, als würde sich etwas oder jemand durch die gleichmäßigen Wellen hindurch bewegen. Saubärens feine Ohren hatten zudem einzelne menschliche Laute vernommen. Und dann - ganz plötzlich teilte sich das Grasmeer vor ihnen. Nur ein kurzer Schock ihrer Gegenüber ließ die Zeit stoppen. Dann gab es kein Halten mehr und ein großes Hallo. Freudentränen flossen reichlich und es wurde so viel gedrückt und umarmt, dass zu befürchten stand, dass da leichte, blaue Blessuren noch lange daran erinnern würden.
Da wo man sich befand, setzte man sich, stellte sich gegenseitig vor (besonders Linwirospechts Eltern waren ganz erfreut gerührt als sie endlich seine Freundin Wuseliges Spechtherz kennenlernten, sein Vater zwinkerte ihm anerkennend zu, seine Mutter musterte sie liebevoll wohlwollend, genauestens beobachtet von Linwirospechts Geschwistern), erzählte schnell erste Neuigkeiten, gab Grüße weiter … Man würde die Nacht hier verbringen. Die Rotte lag ringsum, gut versteckt im hohen Gras, auf Wache.
Allerdings einschlafen konnte niemand gleich, die Infos aus der Außenwelt waren einfach zu verwirrend, teilweise auch

unverständlich oder gar beängstigend. In der Außenwelt hatte sich im vergangenen Jahr viel verändert. Vage Vorstellungen davon hatten auch einzelne Karawanen schon mitgebracht. Jetzt aber wurde das Bild deutlich. Wie sie auch in Biberland bemerkten, hatte sich der Klimawandel beschleunigt. Wirbelstürme, extreme Wetterphänomene und vor allem der Wechsel zwischen sintflutartigen Regengüssen und harten, überlangen Trockenperioden hatte zugenommen. Die Meere waren so sehr am Steigen, dass schon so mancher Pazifik-Insel-Staat Territorium an das Meer verloren hatte. Die nordamerikanischen und europäischen Meeresanrainer-Staaten hatten begonnen, ihre Pläne von Fluttoren an den großen Flussmündungen umzusetzen. Insekten und anderes Kleingetier hatten so stark an Zahl abgenommen, dass die Insektenfresser, vor allem Vögel und einige Kleinsäuger, ebenfalls in ihren Beständen „löchrig“ wurden. Teilweise gab es erhebliche Lücken zwischen den einzelnen ausgedünnten Territorien (Verinselung und Separation), so dass ein Genaustausch fast nicht mehr möglich war. Landwirtschaft, die von all den Tieren abhängig war, verlangte lautstark nach staatlichen Hilfen. Es drohte einerseits eine Veränderung des ländlich-bäuerlichen Raumes (Höfesterben) und andererseits war die Versorgung der Bevölkerung mit entsprechender Nahrung immer schwieriger geworden. Die Parthas-Produkte aus Biberland waren daher sehr begehrt und stiegen im Preis. Viele Menschen, Politiker, Geschäftsleute, Produzenten, Konsumenten und ganze Nationen und Gemeinwesen hatten die Warnungen und Entwicklungen zu lange Zeit nicht ernst genommen. Jetzt aber geriet die politische Ordnung zunehmend aus den Fugen. Es konkurrierten vor allem 2 große Gruppen, Bewegungen, Strömungen, Richtungen miteinander.

Zunächst die Traditionellen und Etablierten (meist Demokraten), also die altgediente Politikerkaste der letzten Regierungsjahrdekaden – gleich welcher Couleur und Partei, stellten zwar oft (noch) die politische Mehrheit und besetzten die wichtigen Ämter und Funktionen in vielen Staaten, waren mittlerweile jedoch vielerorts auf dem Rückzug. Ihr Weg des ausschließlichen und überwiegenden Starrens auf die Ökonomie (ohne Ökologie und Soziales entsprechend mit zu gewichten), ihr Versuch des Aussitzens, Nicht-wahr-haben-wollens, des rückwärtsgewandten Denkens in alten politischen und wirtschaftlichen Doktrinen, die Verherrlichung der guten alten Zeiten,

ihre zu blauäugige Fortschrittsgläubigkeit, ihre überbordende Wachstums- und Gewinnsucht, ihre einerseits überstarke Orientierung auf Materielles und andererseits auf eine bis zur Besinnungslosigkeit gelebte und geförderte Fest-und-Freizeit-Fun-Kultur, ihre …. hatten die Welt erschöpft. Liberalistisches nicht ordnen wollen von sozialen Bedürfnissen und Schieflagen und nicht ausbremsen von egoistischen Industrie-/Wirtschafts-Interessen mit all den Werbungs- und Lobby-Exzessen und anderem hatte viele Bevölkerungsteile erzürnt und ermüdet. Vertrauen in politische Strukturen und Regierungsvertreter und Vertreterinnen war, wenn überhaupt, dann nur noch rudimentär vorhanden.
Diesen gegenüber stand die zweite Gruppe. Es waren selbstverliebte und nabelschauende Populisten, die eigentlich nur ihre eigene Macht und das direkte, meist familiäre und nationale, Umfeld bedachten. Ihre Botschaft hatte bei vielen Unzufriedenen verfangen und viele verführt. Zum Teil Undemokratisches, Autoritäres, politisch Rückwärtsgewandtes und Reaktionäres, Verschwörungstheorien, übertriebenes nur die eigene Freiheit und eigenes Wohl im Blick haben und falsch verstandenes (pseudo)wissenschaftliches Denken oder Naturwissenschaftsfeindlichkeit oder –Unverständnis stellte ein giftiges Gebräu dar, das rumorte und kurz vor der Explosion stand.
Die beiden Gruppen oder politischen, gesellschaftlichen Wege bekämpften sich bis aufs Messer. Aber sie hatten etwas Entscheidendes gemeinsam: sie waren beide aufgrund des Verharrens in alten Denksystemen und der fehlenden Phantasie, daran etwas zu ändern, nicht zukunftsfähig. Es ging beiden auch weniger um die Ideen und den vernunftgeleiteten Wettstreit der besten Lösungsvorschläge, als mehr um politische und gesellschaftliche Macht (wer gewinnt / wer verliert, so als ob das Ganze ein sportlicher Wettkampf wäre), um die Möglichkeit die Deutungshoheit bei der Bevölkerung zu gewinnen oder zu erhalten. Sie verweigerten so den Aufbruch der Menschheit in eine schöpfungsgerechtere, friedlichere Zukunft und damit überhaupt zum Überleben der Menschheit.
Der sozusagen dritte Weg, der Individuum und Gesellschaft, Mensch und andere Geschöpfe, Ökologie, Ökonomie und Soziales ganzheitlich und weiterentwickelnd zusammendachte, war immer noch erst im Aufbau. Aber er war besonders in Biberland repräsentiert und bestimmend. Er nahm die Gegenwart Ernst und dachte dann die

Zukunft.
Und als ob das alles in der Außenwelt nicht schon schlimm genug war, brachten immer wieder auflodernde Tiermassenkrankheiten, aufbrechende Pflanzenseuchen und grassierende menschenbedrohende Pandemien noch zusätzliche Verwirrung und Konfliktstoff. Das Schlimmste aber – sie behinderten den Blick auf die Umweltproblematik.
Die Familien der Adepten hatten dabei ganz persönliche und negative Erfahrungen gemacht. Da sie doch eher dem dritten Weg zuneigten, waren sie bedroht und angefeindet worden - bis hin zu beruflichen Benachteiligungen und sozialen Ausgrenzungen. Auch hatten Pandemien im verwandtschaftlichen Umfeld Tote gefordert. So sahen sie in der Außenwelt keine persönliche Chance mehr. Sie wollten sich in Biberland eine neue Zukunft aufbauen. Ja - das war doch einmal eine Wendung. Die Adepten hatten schon befürchtet, dass die Eltern sie über kurz oder lang zurückholen wollten. So hatte also Negatives in diesem Falle auch eine positive Seite. Die Nacht wurde lang am Lagerfeuer. Aber die Müdigkeit forderte letztendlich ihren Tribut.

Erst die Sonne, die immer stärker wurde, kitzelte einen nach der anderen am nächsten Spät-Vormittag aus dem Schlaf. Und als alle sich gerichtet und geordnet hatten, begannen sie das neue Zusammensein zu genießen. Gerade als man sich langsam auf die Rückreise machen wollte, wurden sie nochmals ausgebremst.
Aufgefallen war vorher schon, dass der Falke verschwunden war. In einem überraschenden Moment tauchte von Süden ein seltsames Pärchen auf: der Biberhäuptling Bockert und das Ritterfräulein Orthilde (Tochter des Ritters Adalfuns und seiner Gemahlin Edelgard). Als Vertreter des Biberclans waren sie gegangen, zusammen mit Paguroidus und anderen, um den Verfolger abzufangen. Die Familien der Adepten waren überrascht; davon hatten sie nichts geahnt. Schuldbewusst erkannten sie, dass sie da wohl jemandem den Weg gebahnt/gezeigt hatten. Als sie erfuhren, wer der Verfolger war, staunten sie nicht schlecht. Denn die Familie von Hellsichtigem Raben hatte ihn mehrfach auf einem Marktplatz wahrgenommen. Dort hatte er eine angebliche Umfrage durchgeführt. Es ging um die unterstellten Machenschaften der Produktherstellung von Parthas. Er wollte von allen Nutzenden wissen, ob sie wüssten, woher die Nahrungsmittel

kämen, was dort so besonders wäre, ob sie den Weg dorthin kennen würden usw. Dies ging wohl über Wochen und Monate und recht penetrant. Irgendwann hatten sich Anhänger um ihn geschart, die seine Theorien von einem geheimen und mächtigen Reich Glauben schenkten. Vor dort sollten über die Nahrung und darin enthaltene Stoffe Menschen gesteuert werden. Also geheime, amoralische, machtbesessene Weltenlenker sollten dahinterstecken. Da die Mutter vom Raben irgendwann heftig dagegen andiskutierte, war sie aufgefallen. Des Öfteren war dann der Verschwörungstheorien-Schwindler in der Nähe der Wohngegend und des Hauses ihrer Familie aufgetaucht. Dann hatten sie nichts mehr von ihm gehört oder wahrgenommen.
Bockert erzählte, dass der Verfolger erfolgreich und ohne große Mühen abgefangen worden war. Es war ein alter Bekannter. Vor Jahren hatte er sich gegen das Gemeinwohl Biberlands vergangen und wurde danach auf eigenen Wunsch „ausgebürgert“. Wie üblich hatte er dazu das hypnotische Verfahren über sich ergehen lassen. Er hatte allerdings mitgeteilt, dass da wohl etwas schiefgegangen war. Mit der Zeit hatte sich dieses „hypnotische Vergessen“ teilweise aufgelöst und wurde „löchrig“. Aufgetauchte Erinnerungen konnte er sich nicht genau erklären. Deshalb tat er alles, dem auf die Schliche zu kommen.
Die anderen beteiligten Biberclanmitglieder unter Paguroidus hatten ihn in die Burg mitgenommen. Dort sollte geklärt werden, wie weiter vorgegangen werden sollte. Orthilde und Bockert waren zu den Adepten und ihren Familien gegangen, um die Sache aufzulösen, mitzugehen und dann Weißem Berg zu berichten. Das war zwar alles jetzt nicht 100%ig beruhigend, aber irgendwie hatte es sich doch recht glimpflich aufgelöst. Das Einzige, was blieb, war die Unruhe, die der Verfolger in der Außenwelt ausgelöst hatte. Darum würden sich wohl ein paar biberländische Spezialisten „im Außendienst“ kümmern müssen. Monate später war dies schon teilweise gelungen und die meisten Anhänger des Verfolgers waren wieder zur Vernunft gekommen. Er selber hatte sich nochmals alles genau durch den Kopf gehen lassen, wollte aber nicht mehr in Biberland bleiben. So ließen die Biberclaner ihm eine ganz besondere und doppelte Hypnose angedeihen. Erinnerungen können nicht vollständig gelöscht werden. Aber dieses Doppelte würde aller Wahrscheinlichkeit nach diese so zudecken, dass dieses Mal der Erfolg sicher wäre. Zurück in der

Außenwelt hatte der Verfolger zwar noch eine ganz leise Ahnung. Dieses jedoch führte bei ihm dazu, dass er sich zukünftig als Umweltaktivist mit „Future-Earth-Weeks“ engagierte. So wirkte er auf seine Art den ökologischen Katastrophen entgegen. Nie wieder hatte er Erinnerung an Biberland bekommen.

Für die neue Reisegemeinschaft ging es jetzt gemeinsam zurück zur Eichhörnchen-Kobel-Siedlung. Das neue Leben musste organsiert werden und Schwung aufnehmen.
Neben den Eltern Galoppierende Stute und Pantherklaue und der älteren Schwester Sternenauge, die im Laufe der nächsten Monate ebenfalls zu Adepten wurden, hatte Linwirospecht noch drei jüngere Geschwister. Diese waren noch nicht initiiert worden, aber gerade noch im richtigen Alter dazu. Es waren "nicht-eineiige" Drillinge, 2 Mädchen und 1 Junge im Alter von 8 Jahren. Es wurde folglich das Ritual „Über die Schwelle gehen“ vorbereitet – der Übergang (idealerweise im Alter von 7 Jahren) von der frühen Kindheit in die ältere Kindheit – beendet also das erste Lebens-Jahrsiebt.

Um das Ritual durchzuführen, richtete man einen besonderen Platz her. Der Ritualort wurde dem Wallisenhain nachempfunden (in der Regel wurde diese Initiation im Wallisenhain selbst durchgeführt) – mit seiner Anordnung der Jahreszeiten, der Monate, der Festzeiten, der Clanbezüge usw. Federführend war der Rabenclan, denn die Drillinge waren in seinem Jahresabschnitt geboren worden. Neben den Drillingen nutzten auch noch ein paar andere Familien mit ihren Kindern im Übergang diese Gelegenheit. Die Familien der zu initiierenden Kinder stellten sich in einem Kreis um den Ritualplatz auf. Andere Interessierte und Neugierige, auch Kinder, die in den nächsten Jahren dies erleben dürften oder die gerade vor Kurzem diese Initiation durchlaufen hatten, bildeten um die beteiligten Familien einen noch weiteren Kreis, der zunehmend Barbecue-Charakter annahm.
Die Initianden wurden von den Eltern in die Mitte des Kreises gebracht, wo schon der Ritualmeister des Rabenclans, die Fledermaus „Grauohr“ wartete. Die Eltern gingen zurück in ihren Kreis und die Kinder starrten schon gespannt und unruhig in Richtung Grauohr. So mancher scheue Blick ging hinüber zu den Eltern. Dann begann Grauohr: „Liebe Kinder, Ihr seid jetzt schon richtig groß. Ihr versteht schon sehr viel. Heute

wollen wir Euch in den Kreis der größeren Kinder aufnehmen. Dabei lernt Ihr den Ort/die Zeit kennen, zu der Ihr im Jahreskreis gehört. Jetzt geht also bald Euer großes Leben los. Wir beginnen zunächst damit, dass Ihr Euch einfach mal dort aufstellt, wo Euer Geburtsdatum im Kreis ist. Wenn Ihr da unsicher seid, dann helfen Euch der Rabenhäuptling Pflückebeutel und die Krähenhäuptlingsfrau Merkenau. Hier sind sie.“ Alle Kinder fanden also Ihren Platz. Sie sahen sich dort um und bemerkten die dazugehörigen Tiere, entsprechende Pflanzen, vor allem Bäume, und die Clanflaggen. Das war ein richtiges Gewusel, Geschwirre und Gesuche - selbstverständlich ging das Ganze einher mit merklichem Getöse, ausgelassenem Gelächter und Geplapper. Fast wie bei einer Ostereiersuche ging es zu. Dann direkt im Anschluss setzten sich alle einmal zwischen „ihre“ Bäume auf den Boden und betrachteten genauestens die Umgebung. Was sah hier anders aus als nebenan oder auch gegenüber. Welcher Clan und welches Kind befanden sich in der Nachbarschaft oder direkt gegenüber? Waren sie im Sommer oder Winter, im Frühling oder Herbst gelandet? Kannte jede/r die Bäume und Tiere in nächster Nähe? Dann rief sie die Fledermaus dazu auf, wieder nach vorne zu kommen und sich vor ihren Tier-Symbol-Pfahl hinzustellen. Gegenüber waren jeweils auch Pflanzen, Tiere und Clans. Es fiel auf, das so ein indianisches Tiersymbol gegenüber immer ein passendes, anderes Tiersymbol, ein Tier mit demselben Lebensraum oder Lebensweise hatte. Zum Beispiel stand gegenüber den Raben/Krähen ein weiterer Vogel – der Falke/Roter Habicht; gegenüber dem Wolf/Puma ein weiterer Landbeutegreifer – der (Braun-)Bär und so fort. Danach wurden von Grauohr einzelne „Tiere“ aufgerufen und dazu aufgefordert auf die andere Seite hinüber zu krabbeln, zu rennen, zu „fliegen“, zu „schwimmen“ … - eben so wie es dem „eigenen“ Tier entsprach. Dabei fiel auf, dass zwischen den Kindern auch Plätze frei waren. So begann der nächste spielerische Akt. Der Drillingsbruder von Linwirospecht durfte beginnen. Er rief: „Mein rechter, rechter Platz ist leer. Ich wünsche mir den Jungen mit den langen Haaren her. Er soll als Spinne kommen.“ Worauf der Genannte auf allen Vieren "bedrohlich" über die Wiese hinüber auf seinen neuen Platz krabbelte. Entweder dieser, falls er einen leeren Platz neben sich hatte, oder der-/diejenige, die rechts davon einen leeren Platz besaß, führte das Spiel weiter. Das war lustig und so mancher Jauchzer war zu hören. Die Eltern am Rande konnten sich ein Schmunzeln nicht verkneifen. Die Geschwister feuerten zum Teil ihre Schwestern und Brüder an … Darauf brachte Grauohr wieder etwas Ruhe und Konzentration herein. Eine weitere ausgelassene Spielaktion mit Wissensgewinn folgte. Der Fledermaus-Ritualmeister rief immer wieder ein Wort in die Runde: wenn dieses zu Tieren passte, dann durften ihre kindlichen Vertreter einmal um die Kreismitte herumrennen, so schnell wie möglich, und wieder auf den Ausgangsplatz zurückkehren. Sie rief er z. B. „Wasser“ und alle Tiere, die im Wasser lebten oder schwimmen konnten, durften sich bewegen; oder „Braun“ und alle braunfelligen, braunfiedrigen, braunäugigen oder braunhäutigen Tiere rannten los; "klein", "scharfe Zähne", "weiches Fell", "Eier legend", "mit Pfoten" … Zuletzt durften alle sich in der Mitte auf einem Tisch ein Bild schnappen, das „seinem/ihrem“ Tier und der Pflanze entsprachen. Die anwesenden jeweiligen Clanvertreter gaben dann Tipps und halfen diese Bilder auszumalen, eventuell auch mit den Clanfarben zu versehen usw. Manch eine/r presste in den darauffolgenden Tagen auch noch ein Blatt des dazugehörigen Baumes oder fand eine passende Feder und klebte alles auf das Bild. Danach wurden die Kinder mit ihren Eltern auf eine kleine Wanderung geschickt. So sollten sie miteinander reden, sich erzählen, was im Ritual toll oder peinlich … war. Ebenfalls auf dieser Runde sollten Namen gefunden werden. Wenn dies zu schwierig war, dann half der jeweilige Ritualmeister des Clans. Der neue Name hatte etwas mit dem Clan zu tun, aber auch mit den Eigenschaften/Auffälligkeiten der Kinder. Dann durfte jede Familie für sich ein kleines Picknick durchführen – irgendwo auf dem Gelände. Die meisten Familienmitglieder erzählten dabei auch, was sie für Clanbezüge hatten und was es für sie bedeutete. Es war dabei kein Zufall und durchaus gewollt, dass die Kinder meist in anderen Clans sich wiederfanden als ihre Eltern oder Geschwister. Ihr Erwachsenleben war davon zum Teil bestimmt. So reiften die Kinder, konnten sich getrost trennen/lösen und hatten auch ihr Eigenes. Am Ende stellten sich alle am Eingang des Jahreskreises auf - mit ihren neuen Namen im Gedächtnis. Dort war auch ein kleines Holz hingelegt worden, das die Schwelle symbolisierte. Grauohr rief jede/n Einzelne/n hinein in den Kreis: z. B. „Tritt herein Flinke Maus. Tritt über die Schwelle. Nimm Deinen Platz unter den größeren Kindern ein. Der Ewige segne Dich!“ Jedes Mal klatschten die Kinder, die dieses Ritual schon hinter sich hatten, aber das Nächste noch in einiger Entfernung war. Sie nahmen so diese neuen Kinder in ihren Kreis auf. Die Drillinge Linwirospechts bekamen dabei folgende Namen: Lachender Schmetterling, Flinke Maus und Roter Luchs. Zum Schluss wurde jedem Kind die Stirn so eingefärbt, wie es seinem Clan entsprach. Beim Rabenclan und den Drillingen war dies Violett (mit einer leichten Ahnung von Purpur/Dunkelrot). Mittig auf der Stirn prangte ein (hell-)grüner Punkt. Die Kinder leuchteten mit der untergehenden Sonne um die Wette und spiegelten so die von ihr erzeugten Regenbogenfarben wider. Ein überaus buntes, lebendiges und fröhliches Bild in Biberland.

Zitierte Bibelstellen („Kleines-Goldenes-Geheimnis“):
Genesis / 1. Buch Mose Kapitel 1, alle Verse
Genesis / 1. Buch Mose Kapitel 2, Verse 1 – 9 + 18 – 23
Genesis / 1. Buch Mose Kapitel 3, Vers 20
Genesis / 1. Buch Mose Kapitel 4, Verse 2b + 15b + 16 + 17a + 25a
Genesis / 1. Buch Mose Kapitel 6, Verse 1 – 4a
Psalm 104
Johannesevangelium Kapitel 1, Verse 1 – 5 + 9 – 11 + 14
Johannesevangelium Kapitel 8, Vers 12a

Zitierte Suren im Koran (Buch „Heilige Rezitation“ der Insan Doğulu):
Sure 25, Verse 49 + 54
Sure 56, Verse 69 – 71 + 75a

Mit Namen benannte Personen und Geschöpfe:

1. Die vier Adepten: Wuseliges Spechtherz (ehemals Wieselherz genannt), Linwirospecht = Lin (ehemals Flinkes Wiesel, Linwiro oder Lingweroqen genannt), Schneller Bär (ehemals Starker Bär genannt), Hellsichtiger Rabe (ehemals Traumwächter genannt) + die Familie von Linwirospecht: Mutter Galoppierende Stute, Vater Pantherklaue, ältere Schwester Sternenauge und die Jüngsten – die Drillinge Lachender Schmetterling, Flinke Maus und Roter Luchs
2. In Drömtidelstad: Altes Luchsohr, Drömson, Strahlende Sonne, Regensturm, Regentau, Tiefes Wasser, Tüpfelchen = fast zahmes Rehkitz bei der Familie von Altem Luchsohr
3. In Biberland allgemein:
   3.1. Humanos und andere Menschen: X-Brain „Aglaia“ (von altgriechisch: „Die anmutig Glänzende“), Humana „Alexandra“ (aus dem Griechischen: „die Männer Abwehrende, die Verteidigerin, die Beschützerin“), Bibermädchen, Brummbär, Büffelherz, Asia „Duuchin“ (mongolisch: „Sänger“), Eulenschrei, Insan Doğulu „Farid“ (arabisch: „wertvoller Edelstein, einzigartig, unvergleichlich“), Indi „Hevovitastamiutsto“ (ist in Cheyenne ein männlicher Name und bedeutet „Wirbelwind“), weibliche Neanda „Kinga“ (abgekürzt/althochdeutsch von Kunigunde, vor allem in Polen und Ungarn vorkommend: „Beschützerin der Familie, Kämpferin für die Sippe“), Lachender Sperling, Laufender Rabe, Listiger Fuchs, Indi „Maga Ilowan“ (in Lakota „Gänsesänger“ = „Gans“ + „preisend singen“, Ritualmeister und Schamane), Afro „Mpiga Ngoma“ (auf Suaheli: „Trommler“), Afrofrau „Mwanamke-wa-filimbi“ (auf Suaheli: „Flötenfrau“), Pumapfote, Insulo „Rawiri“ (in Maori: „Der Geliebte, der Angebetete“ – als Form von David“), Sentiero-Mädchen „Sneschana“ (russisch, slawisch: „Schneeflocke“ oder „Schneewittchen“), Spielende Krähe, Weißer Berg, Wolfsbruder, Insan Doğula „Yasmin“

3.2. Zunft der Heiler/innen: Elbin „Ancalima" (auf elbisch: „Die Helle"), Froschheiler „Dendrobatus", Y-Brain-Heiler „Dr. Medicus Sana", Indi-Medizinfrau „Heilende Hand", Schafgarbenfee „Luibhea", Weidenfee „Saille", die große Heilerin „Winyan Wakan" (auf Lakota: „Heilige Frau")
3.3. Vertreter der Trainingsriege: Eber „Saubär", Jaguare „Unzo" und „Onza", Stint „Huele"
3.4. Ältestenrat-Vertreter: Gämse „Rupirupi", Schildkröte „Chelonias" (Erzähler/Vorleser), Waschbär „Lotor"
3.5. Ritualmeister: Chinchilla „Meisterin Chincha", Fink „Fringillius", Fledermaus „Grauohr", Fuchs „Reineke", weiblicher Gänsegeier „Gypsful", Hase „Meister Lampe", Maulwurf „Talpen", weiblicher Pirol „Loriat", Rentier „Poro", Salamander „Feuerherz", Schwarzbärin „Meisterin Petza", Skarabäen-Käfer „Geotrupidus"
3.6. Vertreter des Pflanzenkonvents: aus dem vorsitzenden Viererrat (= Consilium quatuor) der Pilzgnom „Fungus" (sieht aus wie eine Mischung aus Steinpilz und Radagast, dem Braunen, einem der 5 Istari in Tolkiens „Herr der Ringe" auf Mittelerde)

4. Der Otterclan:

4.1. Vorsteher: Otterhäuptling „Lutrinus" (kindlicher (Sohn) Genießer) (Eurasischer Fischotter, Nordamerikanischer Fischotter, Japanischer Fischotter, Seeotter, Haarnasenotter)
4.2. Assistiert von: Insulo „Rawiri" (in Maori: „der Geliebte – als Form von David"), Quellnymphe „Crinaemama", Ebereschendryade „Sorbaucupa", überaus gereifte Birkendryade „Betussa", sehr junger Eschenent „Fraxulu", Fichtendryade „Picea", Lärchendryade „Lari"
4.3. Unterhäuptlinge: Bartenwalkazike „Mysticet", Chinchillakazikin „Chinchi", Dodokazikin „Dronta", Rehkazikin „Capreola", Schneckenkazikin „Snahhan", Seehundkazike „Phocavit", Stachelschweinkazike „Hystrix", Waschbärenkazike „Procyon", Zahnwalkazike „Odontocet" (Delphine und Zahnwale)
4.4. besondere Tiere: Dodos
4.5. Vertreter im Ältestenrat: Waschbär „Lotor" (Schnitter und Genießer)
4.6. Vertreterin bei den Ritualmeistern: Chinchilla „Meisterin Chincha" (Jungfrau)
4.7. Vertreter in der Trainingsriege: Orka „Orcinus" (entwicklungshelfender Genießer)
4.8. Vertreterin im Ökoteam: Reh „Ricka" (Jungfrau)
4.9. Gemeinsame innere Ausrichtung: Weibliches, Schönheit, Wasser (z. T. Bezug zum Mond), Unschuldiges und auch Jungfräuliches, Harmonie und ohne Veränderung, Sehnsucht, Sanftes und Verletzliches → Motto: „Schutz und Erhalt von auch wässrigen Biotopen durch unter anderem weibliche Harmonie und verletzliche Sanftheit." → „servate

rerum naturam aquae – per harmonia femineam et benignitas“ (in Latein)
4.10. Jahreszeit: Hochwinter
4.11. Regenbogenfarbe: Türkis (mit einem (dunkel-)roten Kreis im Zentrum)
4.12. Ton aus der A-Moll-Tonleiter: E

5. Der Biberclan:
5.1. Vorsteher: Biberhäuptling „Bockert“ (Schnitter-Kämpfer) (Eurasischer und Amerikanischer Biber)
5.2. Assistiert von: Ritter „Adalfuns = edel + bereitwillig“ (Ritter und Biber bewohnen gemeinsam eine Burg am großen See) – mit Gemahlin Edelgard (= althochdeutsch für „edel“ und Garten, Gehege") und Tochter Orthilde (= althochdeutsch für „Spitze (einer Waffe), Ecke“ und „Kampf“), Weidendryade „Sala“, Weißdornent „Crataegumonog“, Schwarzpappeldryade „Popunigra“, Walnussdryade „Juglana“.
5.3. Unterhäuptlinge: Ameisenkazikin „Formica“, Eselkazike „Equasinus“, Käferkazike „Coleopterus“, Krebskazikin „Crustacea“ (für Krebse und Krabben), Nutriakazikin „Coypua“ (für Nutria und Bisamratte)
5.4. Besondere Tiere: Skarabäen
5.5. Vertreter im Ältestenrat: Esel „Boldewyn“ (blutsbrüderlicher Wissender)
5.6. Vertreter bei den Ritualmeistern: Mistkäfer = Skarabäus „Geotrupidus“ (Schnitter und Kämpfer)
5.7. Vertreter in der Trainingsriege: Einsiedlerkrebs „Paguroidus“ (Schnitter und Kämpfer)
5.8. Vertreterin im Ökoteam: Ameise „Seangan“ (sammelnde Amazone)
5.9. Gemeinsame innere Ausrichtung: Fleiß, Arbeit, Erde → Motto: „nullum dolorum nullum quaestum“ (= „Ohne Fleiß (Einsatz, Schmerz) kein Preis (Gewinn)“ auf Latein)
5.10. Jahreszeit: Vollfrühling
5.11. Regenbogenfarbe: Gelb (mit einem violetten Kreis im Zentrum)
5.12. Ton aus der A-Moll-Tonleiter: C

6. Der Rabenclan:
6.1. Vorsteher als Pärchen: Rabenhäuptling „Pflückebeutel“ (entwicklungshelfender Wissender) (Kolkrabe) und Krähenhäuptlingsfrau „Merkenau“ (Mystikerin) (Saatkrähe, Nebelkrähe und Rabenkrähe)
6.2. assistiert von: Schmetterlingshäuptlingsfrau „Lepidoptera“ (Wandlerin), franziskanische Ordensleute (Mönch „Franziskus“, Nonne „Klara“), Asia „Attila“, Ranon „Hylandro“, Elel (Elf „Blumenspäher“ und Elbin „Elda“), Weinent „Viniferus“, Efeuent „Hederus“, Kirschendryade „Prunavia“
6.3. Unterhäuptlinge: Dohlenkazikin „Coloea“, Elsterkazikin „Pica“,

Flamingokazike „Phoenicopteris“, Fledermauskazike „Chiropter“, Froschkazike „Ranus“, Heuschreckenkazikin „Orthoptera“ (für Grillen und Heuschrecken), Libellenkazikin „Odonata“ (einschließl. Riesenlibelle), Luchskazike „Lynx“, Mäusekazikin „Musa“, Möwenkazikin „Larina“, Papageienkazikin „Psittacifa“, Reiherkazike „Lütke“ (für Fischreiher und Kraniche), Storchkazike „Adebar“, Taubenkazikin „Columba“, Zaunkönigkazike „Troglodyt“

6.4. besondere Tiere: Riesenlibelle „Meganeura“ aus der Zeit vor ca. 300 Millionen Jahren, Denisova-Mensch, Java-Mensch

6.5. Vertreter im Ältestenrat: Luchs „Bobchat“ (weiser Wissender)

6.6. Vertreter bei den Ritualmeistern: Fledermaus „Grauohr“ (Weiser Mystiker)

6.7. Vertreter in der Trainingsriege: Flamingo „Einbein“ (dunkler Kämpfer)

6.8. Vertreter im Ökoteam: Frosch „Cabor“ (wissender Schnitter)

6.9. Weitere Clanmitglieder: Elfe „Tuilin“ (auf Elbisch/Sindarin „Schwalbe“ oder „Frühlingssänger“) Elbin „Lirulin Linda“ („Schöne Lerche)

6.10. Gemeinsame innere Ausrichtung:

6.10.1. Raben und Krähen bringen ein: Weisheit und Wahrheitsprüfer, aus anderen Blickwinkeln sehen, Prophezeiung und Omen

6.10.2. Der Schmetterlingsteil bringt ein: Wandlung, Luft

6.10.3. Beiden gemeinsam ist: Übergang, Gutes und Böses abwägen und abschätzen → Motto: „lúmerandir ar ngolwe“ (Elbisch für „Wandel“ (= Zeitwanderer) und „Weisheit“)

6.11. Jahreszeit: Vollherbst

6.12. Regenbogenfarbe: Violett (bis Dunkelrot) (mit einem (hell-)grünen Kreis im Zentrum)

6.13. Ton aus A-Moll-Tonleiter: G

6.14. Weiteres: Wasser, Westen, Abend

7. Der Schlangenclan:

7.1. Vorsteher: Schlangenhäuptlingsfrau „Serpenta“ (Schnitterin) (alle Schlangen u. a. Ringelnatter, Kreuzotter, Schlingennatter, Würfelnatter und Aspisviper, dazu Seeschlangen)

7.2. Assistiert von: Echsenhäuptling „Lacertus“ (dunkler Kämpfer) (Echsen einschließl. Eidechsen und Blindschleichen), Drac „Duy = Abgesandter auf Klingonisch“), Efeuent „Eidhnean“, Schilfdryade „Phragmi“, Korbweidendryade „Salvimi“, Echter-Sumpfzypressen-Ent „Taxodistich“

7.3. Unterhäuptlinge: Krötenkazikin „Bufa“, Krokodilkazike „Croco“ (für Krokodile und Alligatoren), Molchkazike „Triturus“, Rochenkazikin „Batoidea“, Salamanderkazike „Salamanteri“, Spinnenkazikin „Arachnia“, Unkenkazikin „Bombina“, Warankazike

„Varanus“
7.4. Besondere Tiere: erhöht auf einem kleinen Turm sitzend ein Flugdrache, ein avatarischer Toruk Makto und Ikrans aus Pandora auf ein paar Felsen nahe des Turms, im Wasser der Mosasaurier
7.5. Vertreter im Ältestenrat: Unke „Rotbauch“ (Dunkle Mutter)
7.6. Vertreter bei den Ritualmeistern: Salamander „Feuerherz“ (königlicher Wissender)
7.7. Vertreter in der Trainingsriege: Alligator „Agleskus“ (dunkler Kämpfer)
7.8. Vertreterin im Ökoteam: Kröte „Aga“ (Schnitterin)
7.9. Gemeinsame innere Ausrichtung: Leben – Tod – Wiedergeburt, Widerstreit zw. Gut und Böse, ebenso zw. Licht und Finsternis, auch zw. Gift und Regeneration, Erde (und Wasser) und Feuer → Motto: „geh durch das Feuer“ – „jaH yong qul“ (auf Klingonisch)
7.10. Jahreszeit: Spätherbst
7.11. Regenbogenfarbe: Dunkel-(Blau-)Violett (mit einem gelben Kreis im Zentrum)
7.12. Ton aus A-Moll-Tonleiter: G

8. Weitere Clanvertreter/innen in Biberland: Nachtigall Luscinia Megacantus, Buchendryade Faga
9. aus dem Blauseeletal: Hund Anuk-Amaroq (Anuk - Inuit, grönländisch: „der/die Bär/in“ / Amaroq – Inuit: ist ein riesiger Wolf aus der Mythologie = also zusammen = Bären-Wolf; ein Husky-Bernhardiner-Mischling), Quellnymphe Crinaemama

Ortsbezeichnungen:

- Berg der Bestimmung: Berg am Rande von Drömtidelstad
- Drömtidelstad: großes Oval, Tal umgrenzt von Bergen; auf der Seite des Fallenden Wassers etwas niedriger gelegen
- Dùn Èideann = Edinburgh: Außenort des Elysiceums und Hauptstadt des Unionsstaates (der USE) Schottland, hier war eine expeditive Klasse verortet
- Eireskirk: Hauptstadt von Biberland, sein Gründer ist ein iro-schottischer Mönch
- Fallendes Wasser: Wasserfall am Rand des Tals mit dem Ritual in der Nacht der Bestimmung – „Durchgang“ nach Drömtidelstad
- Lebendiges Wasser: kleiner Bach am Ritualplatz bei der Nacht der Bestimmung
- Schnelles Wasser: Bach in Drömtidelstad, der sich über das Fallende Wasser im Lebendigen Wasser fortsetzt
- Spiegel des Paradieses: im Tal, Ritualplatz in der Nacht der Bestimmung
- Strasbourg: Hauptstadt der USE = United States of Europe – mit der (biberländischen) Privatschule Elysiceum
- Theoderichskarolingen (s. bei Wallisenhain), besitzt eine Bibliothek

- Wallisenhain: „eingepflanzter“ Jahreskreis, in dem die Monate und Feste im Verlauf des Jahres dargestellt sind – mit ihren Bezügen zu religiösen Festen, Pflanzen und Tierclans; er befindet sich in der Nähe von Theoderichskarolingen; beides gegründet vom legendären Mitbegründer Biberlands Theoderich Carolus Diakonus von Wallisenhain

Besonderheiten:

- Adepten: diejenigen, die in Biberland „heimisch“ werden wollen und dazu eine „Ausbildung“ beginnen – hier zunächst die Vier
- Aenigmatopier: Humanos, die nicht in den biberländischen Siedlungen, sondern bei den Clans leben. Sie leben dort in bestimmten Gruppen, die den Typen des Fantasy-Rollenspiels Aenigmatopia gleichen. Diese Humano-Gruppen sind: Ethnas/os (Humanos, die den sogenannten Naturvölkern entstammen: Aboris (Aborigines), Afros (aus Zentral-Afrika), Asias (z. B. Mongolen), Indis (Native Americans), Insulos (z. B. Maoris) und Neandas (Neandertaler)), Fahrende Künstler/innen, Insan Doğulas/us (Menschen des Ostens/des Orients), Kelten/innen, Nonne/Mönche, Ritter/innen, Sentieras/os (auf Straßen und Wegen übers Land „streunende“ Unabhängige ohne festen Wohnsitz aber mit großen Überlebensfähigkeiten), Wikinger/-frauen, X-/Y-Brains (Gelehrte). Zu den Aenigmatopiern gehören außerdem die Nicht-Humanos (aber humanoider Gestalt) Dracs (wie im Film „Enemy Mine“), Elels (Elben und Elfen), Engel/innen, Equufauns (Zentauren), Hobbits, Ranons (Froschlurch-Humanoide) und Zwerge/innen
- Brückengeher: die zu initiierenden Jungen von ca. (meist) 12 Jahren (zw. 11 und 17 Jahren) beim Ritual vom Jungen (Kindheit) zum langsamen Mann-Werden (Jugend)
- Carno-pomane Ernährung: unter Beachtung des „Paläo-Aspekts“ vor allem Ernährung durch Früchte und Nüsse (neben auch Gemüsen und Kräutern) mit wenig Fleisch (nur Geflügel und Wild) und Fisch – selten, wenn überhaupt, auch mal Milchprodukte, Eier oder (praktisch nie) Getreide.
- Catukinken = (Signal-)Trommeln nach Art der Catukina
- Citristall: Ein ganz besonderer Kristall/Mineral. Wird nur in Biberland gefunden und gefördert. Verhilft zur Unsichtbarkeit. Alle Lebewesen in Biberland tragen so einen Citristall mit sich – in unterschiedlichen Farben. Nur wenige tragen keine Citristalle - diejenigen, die gesehen werden sollen. Auch die technischen Geräte und Gebäude sind mit unsichtbarer Farbe gestrichen, die Citristall enthalten.
- Elysiceum: Die Privatschule Biberlands in der Außenwelt mit Hauptsitz in Strasbourg – mit Präsenzklassen und expeditiven Klassen (hier halten sich die Schüler/innen in Biberland doer Drömtidelstad auf). Ein Nebensitz befindet sich in Dùn Èideann = Edinburgh.
- Namen für den einen, dreifaltigen/dreieinen Gott: Allmächtiger, (Allmächtiger) Schöpfer, Der-immer-bei-uns-ist, Ewiger, Ewig-Seiender

- Humanos: alle Menschen aus der sogenannten Zivilisation der Moderne bzw. der Jetztzeit, die in Biberland leben
- Intermycel: Geflecht miteinander verbundener Pilzhyphen, das ein dem Internet vergleichbares Nachrichtensystem innerhalb Biberlands darstellt.
- Kleines-Goldenes-Geheimnis = der Name der Bibel in Biberland
- Parthas = Marke (mit Symbol „Schmetterling“ drauf) der biberländischen Verkaufsprodukte für den Außenhandel (Parthas = „Paradies“ auf irisch-keltisch)
- Regenbogenkämpfen = friedliche Kampf- und Verteidigungsmethoden in Biberland ohne Verletzungs- oder Tötungsabsicht: u. a. Affenspringen, Bremer Stadtmusik
- Riesen-Siku = „Panflöten“ der Mojo
- Ritual zu „Darstellung des Herrn“ (Mariä Lichtmess) mitten in der Winter-Jahreszeit (in der Nacht beim Otterclan gefeiert)
- Ritual „Earth & Peace Move“: zur Friedensbitte im Übergang von Spätsommer zu Frühherbst
- Ritual „Nacht der Bestimmung“: die Brückengeher begehen hier ihren Übergang vom Jungen zum Mann-Werden (oder vom Mädchen zum Frau-Werden); danach werden sie Suchende genannt und bekommen eine Schminkmarkierung auf die Stirn – die Jungs einen roten Kreis, die Mädchen einen weißen Kreis; dieses Ritual beendet das zweite Jahrsiebt des Menschseins (es beginnt also die Jugend ab ca. 14 Jahren, diese endet mit ca. 21 Jahren – danach erhalten dann die Frauen in einem weiteren Ritual ein rotes Quadrat auf die Stirn, die Männer ein weißes Quadrat; erst als Senioren erhalten beide dann ein schwarzes Dreieck)
- Ritual „Über die Schwelle gehen“: Übergang (mit ca. 7 Jahren) von der frühen Kindheit in die ältere Kindheit – beendet also das erste Jahrsiebt, mit ca. 6 – 10 Jahren/normalerweise mit 6 – 8 Jahren
- Die 10 Sinne nach biberländischer Lesart (die ersten 5 entsprechen den klassischen 5 Sinnen):
  a. Hören – auditive Wahrnehmung mit den Ohren, erster Sinn
  (Wobei es da auch ganz spezielle Ton-Wahrnehmungs- und auch Widergabemöglichkeiten gibt außerhalb des „normalen“ Spektrums:
  a.1. Infraschall-Hören: sehr tiefe Töne bei Elefanten
  a.2. Ultraschall-Hören: sehr hohe Töne bei Fledermäusen)
  b. Riechen – olfaktorische Wahrnehmung mit der Nase, zweiter Sinn
  c. Schmecken – gustatorische Wahrnehmung mit der Zunge, dritter Sinn
  d. Sehen – visuelle Wahrnehmung mit den Augen, vierter Sinn
  e. Tasten – taktile Wahrnehmung mit der Haut, fünfter Sinn
  f. Tele-Sinn = Sanftes Ahnen (Über-Sinn, Übersinnliches, Jenseitig-Sinnliches, Sinnliches außerhalb des eigenen Körpers bzw. der biologischen 5 ersten Sinne, u. a. „parapsychologisches“ dahinter schauen und erkennen, z. B. mit Telepathie …) = intuitives Erahnen, sechster Sinn
  g. Creo-Sinn = Heiliges (Er-)Schauern (wie im 7. Himmel, heiliges Spüren

und Annähern an das Heilige, Gott …), siebter Sinn
h. Sinne des Köperinneren: Temperatursinn (Thermorezeption), Schmerzempfindung (Nozizeption), Gleichgewichtssinn (vestibulärer Sinn), Körperempfindung (Tiefensensibilität mit Lage- und Bewegungssinn = Propriozeption und Organsinne = Viszero- oder Enterozeption – z. B. Hunger, Durst, Harndrang …) …, achte/r Sinn/e
i. Psychosinne: psychologische Fähigkeiten ohne Rezeptoren wie z. B. die Zeit- Wahrnehmung, neunte/r Sinn/e
j. Tierische Spezialsinne, Zehnte/r Sinn/e:
    j.1. Wahrnehmung der Polarisation des Lichts (Bienen, Heuschrecken, Fledermäuse …)
    j.2. Magnetismus-Wahrnehmung (Erdmagnetfeld) (Rotkehlchen, Haustauben …)
    j.3. Wahrnehmung von elektrischen Feldern (Zitteraale, Haie, Zitterrochen)
    j.4. Wahrnehmung von Infrarotstrahlung (Grubenorgane bei einigen Schlangen)
    j.5. Schwingungssinn bei auch kleinsten Schwingungen/Bewegungen an Netzen (Webspinnen)

- Sozial-ökologisches Wirtschaften = Sozial-ökologische Fair-Wert-Wirtschaft: Wirtschaftsform und –System in Biberland, um sinnloses Wirtschaftswachstum, Rohstoffverschwendung und unmenschlichen, untierischen/ungeschöpflichen und nicht-artgerechten Phänomenen entgegenzuwirken. Oberste Maxime ist es, auch noch so geringe Mengen an Rohstoffen, Mineralien, Wertstoffen, Materialien und Ausgangsstoffen wieder zu verwenden oder erst gar nicht in unheilvollem Ausmaße auszubeuten. In einem Kreislauf bleiben alle Stoffe und Energien im System erhalten. So setzt man im Energiebereich sparsam und ausschließlich auf erneuerbare Energien, die möglichst ohne CO_2-Ausstoß auskommen sollten – man setzt im Allgemeinen mehr auf Wasserstoff als auf Elektrizität bei Antrieben. Alle nicht mehr brauchbaren, kaputten oder nicht benötigten Gegenstände werden zu (nahezu) 100% wieder in ihre Bestandteile zerlegt, um sie wieder dem Kreislauf zuzuführen – thermische Verwertung und Müllhalden sind in Biberland Fremdworte. Sowieso achtet man auf Materialien, die zerlegbar sind oder „kompostierbar“. Um ausuferndem Reichtum und unkontrollierbarem Gewinnstreben und Wachstum entgegen zu wirken, gibt es eine Einkommensobergrenze (am anderen Ende auch eine Untergrenze, die eher dem Durchschnittseinkommen der meisten Nationalwirtschaften außerhalb entspricht). Wer mehr Gewinn erwirtschaftet, führt entweder dies in den Betrieb zurück, überlässt dies der Gemeinschaft oder „spendet“ dies selbstbestimmt entsprechenden Aktionen und gesellschaftlichen Zwecken wie z. B. wissenschaftliche Forschung, Kunst, Religion oder Kultur, medizinische Infrastruktur, ökologische Bildungsarbeit usw. Als Anreiz (über den Verdienst hinaus) wird den Betriebsleitern, Firmenbesitzern, Selbständigen und Wohlhabenden ein anderer Bonus gegeben. In jedem Jahr wird eine/r bestimmt/erwählt, der/die entsprechend erfolgreich und vorbildlich war. Diese/r wird ehrenhalber für maximal 10 Jahre zum/r Wirtschaftsgrafen/-gräfin ernannt. Zusammen mit gekürten Grafen/Gräfinnen aus anderen Bereichen (z. B. Soziales, Ökologie, Friedensarbeit, Forschung, Erziehung …) bilden diese die dritte Kammer, das Grafenhaus, des biberländischen Regierungs-/Parlamentssystems. Zusammen mit der ersten Kammer (dem demokratisch volksgewählten Parlament) und der zweiten Kammer (der Clans-Vertreter-Versammlung) lenken sie über die von ihnen allen gewählte Regierung die Geschicke Biberlands.

Kalender in Biberland:

B'eh-Mond der Sonnengeburt und Erderneuerung (Birke)	Tag 1 – 28 (24.12.–20.1.)	1. – 27. B'eh-Mond = Birken-Gans → Gans (+ Bison, 22. 12.–19.1.); 28. B'eh-Mond = Birken-Otter	Weihnachten: 2. B'eh-Mond (25.12.)
Lis-Mond der Schneerast (Eberesche)	Tag 29 – 56 (21.1.–17.2.)	1. – 28. Lis-Mond = Ebereschen-Otter → Otter (20.1.–18.2.)	Darstellung des Herrn (= Mariä Lichtmess, 40 Tage nach Weihnachten): 13. Lis-Mond (2.2.)
Nin-Mond der Narrenwinde (Esche)	Tag 57 – 84 (18.2.-17.3.)	1. Nin-Mond = Eschen-Otter; 2. – 28. Nin-Mond = Eschen-Wolf → Wolf (+ Puma, 19.2.-20.3.)	
F'aarn-Mond der austreibenden Baumknospen (Erle)	Tag 85 – 112 (18.3.-14.4.)	1. – 3. F'aarn-Mond = Erlen-Wolf; 4. – 28. F'aarn-Mond = Erlen-Falke → Falke (+ Roter Habicht, 21.3.-19.4.)	Frühlings-Äquinoktium = Frühlings-Tag-und-Nacht-Gleiche 2. - 4. F'aarn-Mond (19.-21.3.); Ostern 5. F'aarn-Mond (bis 11. Sal-Mond); Sonntag nach dem ersten

			Frühlingsvollmond = gefeiertes Ostern in der Außenwelt
Sal-Mond der Blüten (Weide)	Tag 113 – 140 (15.4.-12.5.)	1. – 5. Sal-Mond = Weiden-Falke; 6. – 28. Sal-Mond = Weiden-Biber → Biber (20.4.-20.5.)	Pfingsten (am 50. Tag nach Ostern) 26. Sal-Mond (10.5.-13.6.)
Sk'ach-Mond der aufgehenden Saat (Weißdorn)	Tag 141 – 168 (13.5.-9.6.)	1. – 8. Sk'ach-Mond = Weißdorn-Biber; 9. – 28. Sk'ach-Mond = Weißdorn-Hirsch → Hirsch (21.5.-20.6.)	Sommer-Sonnenwende 11. – 13. Dar-Mond (20.-22.6.); Johannesfest (Geburt Johannes' des Täufers) 15. Dar-Mond (24.6.)
Dar-Mond der steigenden Rosen-Sonne (Eiche)	Tag 169 – 196 (10.6.-7.7.)	1. – 11. Dar-Mond = Eichen-Hirsch; 12. – 28. Dar-Mond = Eichen-Specht → Specht (21.6.-21.7.)	
Kil'uul-Mond der kraftvollen Sonne (Stechpalme / Apfel)	Tag 197 – 224 (8.7.-4.8.)	1. - 14. Kil'uul-Mond = Stechpalmen-Specht; 15. – 28. Kil'uul-Mond = Stechpalmen-Lachs → Lachs (22.7.-21.8.)	
Kol-Mond der Beerenreife (Haselnuss)	Tag 225 – 252 (5.8.-1.9.)	1. – 17. Kol-Mond = Haselnuss-Lachs; 18. – 28. Kol-Mond = Haselnuss-Bär → Bär (22.8.-21.9.)	Mariä Aufnahme in den Himmel 11. Kol-Mond (15.8.)
F'iin-Mond der Ernte	Tag 253 – 280 (2.9.-	1. – 20. F'iin-Mond = Reben-	Herbst-Äquinoktium =

(Weinrebe)	29.9.)	Bär; 21. – 28. F'iin-Mond = Reben-Krähe → Krähe (22.9.-22.10.)	Herbst-Tag-und-Nacht-Gleiche 21. – 23. F'iin-Mond (22.-24.9.)
Ain'aan-Mond der fallenden Blätter und aufsteigenden Vögel (Efeu)	Tag 281 – 308 (30.9.-27.10.)	1. – 23. Ain'aan-Mond = Efeu-Krähe; 24. – 28. Ain'aan-Mond = Efeu-Schlange → Schlange (23.10.-22.11.)	Erntedank (Sonntag nach dem 29.9. = Erzengelfest oder Michaelis) 1. Ain'aan-Mond
Brov-Mond der Frostgefahr (Schilf(-rohr))	Tag 309 – 336 (28.10.-24.11.)	1. – 26. Brov-Mond = Schilf-Schlange; 27. – 28. Brov-Mond = Schilf-Eule	Wendefeste (1.11. Allerheiligen, 2.11. Allerseelen, 11.11. Sankt Martin) 5., 6. Und 15. Brov-Mond
Trom-Mond der Nachtzunahme (Holunder)	Tag 337 – 364 (25.11.-22.12.)	1. – 27. Trom-Mond = Holunder-Eule → Eule (+ Wapiti, 23.11.-21.12.); 28. Trom-Mond = Holunder-Gans	Winter-Sonnenwende 27. oder 28. Trom-Mond (21.-22.12.)
F'aa-Laa der Schöpfung ((Holunder), Buche (+ Mistel))	Tag 365 (+ 366) je nachdem ob Schaltjahr oder nicht	1. (- 2.) F'aa-Laa = Holunder-(Buchen-, Mistel-)Gans	

Tagzeiten = innere Ordnung des Tages in Biberland:

In Biberland	außerhalb		In Biberland	außerhalb
Laudes (Tagesbeginn)	6.00 Uhr		Vesper (Ende des aktiven Tages)	18.00 Uhr
Terz (Beginn des aktiven Tages)	9.00 Uhr		Komplet (Beginn der Nacht)	21.00 Uhr
Sext (Mitte des Tages	12.00 Uhr		Matutin (Mitte der Nacht)	24.00 Uhr
Non	15.00 Uhr		Lesehore	3.00 Uhr

Mit Namen benannte Übungen:

- Geschrittene Rhythmen: 3-er-Rhythmus Ga-ma-la und 4-er-Rhythmus Take-Ti-na, zusammen verbunden zu einem 12-er-Rhythmus
- Prozessionsschritt (= 2 Schritte vor, 1 zurück, 2 vor, 1 …)
- Sirtaki geschritten und getanzt, ähnlich wie im Film „Alexis Sorbas“
- Sonnengruß (Übungsabfolge zum Tagesbeginn)
- Voronwe (Grundübung)

Literatur, aus der ich geschöpft, Inspirationen und Infos entnommen habe:

- „Breshit – Das erste Wort der Bibel“ in <https://wurzel-davids.de/breshit-das-erste-wort-der-bibel von TALMID am 17>. Juli 2014
- Die Bibel – Einheitsübersetzung“ herausgegeben im Auftrag der Bischöfe von Deutschland, Österreich, Schweiz, Luxemburg, Lüttich, Bozen-Brixen und des Rates der Evangelischen Kirche in Deutschland und des Evangelischen Bibelwerks in der BRD im Herder Verlag 1980
- Die neue Echter Bibel Altes Testament Genesis 1 – 11 von Josef Scharbert im Echter Verlag 1997
- „Die Waldapotheke“ von Dr. Markus Strauß im Knaur Verlag 2017
- „Elbisches Wörterbuch nach J. R. R. Tolkien“ von Wolfgang Krege im Klett-Cotta Verlag 2003
- „Enzyklopädie der essbaren Wildpflanzen“ von Steffen Guido Fleischhauer im Verlag Weltbild 2003
- „Geheimnisse der langlebigen Naturvölker“ – Artikel aus ein-langes-leben.de, Dr. med. John Switzer, Feldalfing
- Indianische Namen bei www.shadowhaven.de
- Jitzak Luria Academie Thenach Such- und Forschungsprogramm der www.luriaacademie.eu/bibelsoftware (mit Linearübersetzung auf Deutsch aus dem Hebräischen)
- Johannes-Evangelium in der Reihe Stuttgarter kleiner Kommentar von Felix Porsch im Verlag Katholisches Biberwerk 1988
- „Köstliches von Waldbäumen“ v. Dr. Markus Strauß im Hädecke-Verlag 2010
- „Kraftquelle Baum“ von Andrea Huber im BLV Buchverlag 2018
- „Lakota Dictionary“ compiled and edited by Eugene Buechel and Paul Manhart in University of Nebraska Press Lincoln and London 2002
- Licht „Warum wir Licht brauchen – und welches“ v. Elmar Krämer 21.12.2017 in https://www.deutschlandfunkkultur.de/biologie-warum-wir-licht-brauchen-und-welches
- Münchener Neues Testament herausgegeben von Prof. Dr. Josef Hainz im Patmos Verlag 1995
- www.naehrwertrechner.de/naehrwerte
- www.raeucherguru.info
- Reclams Namensbuch v. Hrsg. Friedhelm Debus in Philipp Reclam Jun. Stuttgart 1987

- Schafgarbe in: http://www.hewu.at/2010/03/26/fruhlingskrauter/
- „Vegetation Mitteleuropas mit den Alpen“ von Heinz Ellenberg im Verlag Eugen Ulmer 1986
- de.wikipedia.org/wiki
- „Wörterbuch Irisch – Deutsch“ von Thomas Feito Caldas / Clemens Schleicher im Helmut Buske Verlag 1999

Weitere Infos rund um die Welt von Äventyrion und dessen Autor, Hintergrundideen und Zusätzliches bei www.spirit-fantasy-power.vpweb.de. Dort erhalten sie auch für kleine Beträge weitere Listen und Erläuterungen z. B. zu den Clans und den Archetypen, Archetypentests für jede/n Einzelne/n, Zuordnung des eigenen Geburtsdatums mit Erläuterungen im Jahreskreis, Übungsabfolgen usw.

Die Ursprünge und Anfänge von Äventyrion und Biberland, den Anfang des Weges von Linwirospecht bzw. Flinkem Wiesel kann man nachlesen im ersten Teil: „Äventyrion – Aufbruch zu einem Abenteuer für Suchende“ von Dieter Karl Walser im Fromm Verlag 2020, ISBN 978-613-8-35786-5.

Printed by Books on Demand GmbH, Norderstedt / Germany